GŁOSZENIE

EKSPOZYCYJNE

GŁOSZENIE EKSPOZYCYJNE

Jak dziś przedstawiamy Słowo Boże

David Helm

FUNDACJA EWANGELICZNA

Toruń 2018

Tytuł oryginału:
Expositional Preaching: How We Speak God's Word Today

Tłumaczenie: Iwona Krążek

Korekta: Iwona Kresak

Skład komputerowy: Aneta Krzywicka

Projekt okładki oryginalnej: Dual Indentity, inc.
Ilustracja: Wayne Brezinka dla brezinkadesign.com

Redakcja: Tadeusz Tołwiński

Expositional Preaching: How We Speak God's Word Today
Copyright © 2014 by The Charles Simeon Trust
Published by Crossway
a publishing ministry of Good News Publishers
Wheaton, Illinois 60187, U.S.A.
This edition published by arrangement with Crossway.
All rights reserved.

Wydawca:

Fundacja Ewangeliczna
ul. Myśliwska 2, 87-118 Toruń
www.fewa.pl

© Fundacja Ewangeliczna
Toruń 2018

9Marks ISBN: 978-1-950396-40-5

O ile nie zaznaczono inaczej, cytaty biblijne pochodzą
z Biblii Warszawskiej.

BG – Biblia Gdańska

SNP – Pismo Święte Starego i Nowego Przymierza,
wyd. Ewangeliczny Instytut Biblijny

David Helm napisał najbardziej pomocną, zwięzłą i użyteczną książkę na temat głoszenia ekspozycyjnego, jaką kiedykolwiek czytałem.

Matt Chandler, główny pastor kościoła The Village Church w Dallas w stanie Teksas, prezes Acts 29 Church Planting Network

Jeślibym prowadził zajęcia na temat głoszenia kazań i mógłbym polecić studentom tylko jedną książkę do przeczytania, prawdopodobnie byłaby to właśnie ta publikacja. Książka ta wprowadza w temat nowicjusza, jak i instruuje doświadczonych. Pokora Davida przekonuje, napomina, poucza i buduje mnie jako kaznodzieję. Modlę się, aby taki sam wpływ wywarła na ciebie.

Mark Dever, starszy pastor kościoła Capitol Hill Baptist Church w Waszyngtonie, prezes 9Marks

Umiejętności kaznodziejskie Davida Helma oraz jego szerokie doświadczenie w nauczaniu mówców sprawiają, że wszystko, co ma on do powiedzenia na ten temat, przedstawia ogromną wartość. Szczególnie cenię go za to, co jest jego nadrzędnym pragnieniem: „Nigdy nie wynosić się ponad tekst Pisma Świętego, aby nie powiedzieć więcej, niż ów tekst wskazuje, i nigdy nie ograniczać tekstu poprzez umniejszanie jego siły czy bogactwa". Oto coś więcej niż umiejętności i mądrość. Oto wierność, z której wywodzą się największe skarby kaznodziejstwa.

Bryan Chapell, emerytowany prezes seminarium Covenant Theological Seminary, starszy pastor kościoła Grace Presbyterian Church w Peorii w stanie Illinois

Helm podarował nam dobrze opracowany i bardzo zajmujący materiał na temat tego, co powinniśmy zrozumieć i czynić, aby wiernie głosić Słowo. Ta książka jest niezwykle ważna.

R. Kent Hughes, emerytowany starszy pastor kościoła
College Church w Wheaton w stanie Illinois

David Helm w tej zwięzłej książce wyodrębnia kluczowe zasady i zagadnienia, które zbudowały wielu w czasie seminariów Charles Simeon Trust dotyczących głoszenia. Byłem świadkiem, jak wielu mężczyzn oddawało się ciężkiej pracy, przygotowując kazania w wyniku nauczania Davida. Oby owoce te pomnożyły się na skutek oddziaływania tej książki.

Paul Rees, starszy pastor kościoła
Charlotte Chapel w Edynburgu

Uwielbiam obserwować zaskoczenie osób, które dowiadują się, że głoszenie ekspozycyjne jest pierwszą z dziewięciu cech zdrowego kościoła. Ów priorytet jest potwierdzony i wyjaśniony w książce *Głoszenie ekspozycyjne*. David Helm rzuca ważne wyzwanie: aby ująć przesłanie Słowa w sposób jasny i właściwy. Niech Bogu się upodoba użyć tej książki, by pomóc ci głosić wierniej, ku zdrowiu Kościoła i dla chwały Bożej.

H.B. Charles jr, pastor kościoła Shiloh Metropolitan
Baptist Church w Jacksonville na Florydzie

SPIS TREŚCI

Przedmowa do serii	9
Wstęp: Stare kości	11
1. Kontekstualizacja	15
Problem ślepego oddania	16
Głoszenie impresjonistyczne	18
Głoszenie nietrzeźwe	25
Głoszenie „natchnione"	31
2. Egzegeza	41
Zachowaj właściwe priorytety	41
Dzień, w którym z oczu spadły łuski	43
Oddaj kontrolę kontekstowi biblijnemu	48
Wsłuchaj się w linię melodyczną	50
Dostrzeż strukturę i akcent	55
3. Refleksja teologiczna	65
Czytanie Biblii na wzór Jezusa	66
Metoda historyczno-krytyczna	69
Użyteczność teologii biblijnej	74
Rola teologii systematycznej	89
4. Czasy dzisiejsze	95
Profil słuchaczy	97
Układ materiału	106
Zastosowanie przesłania	112

Zakończenie: Suche kości	121
Dodatek: Pytania kaznodziejów	123
Podziękowania	127
Przypisy	129

PRZEDMOWA DO SERII

Czy wierzysz, że budowanie zdrowego kościoła to twój obowiązek? Tak, to twój obowiązek, jeśli jesteś chrześcijaninem. Jezus nakazuje ci iść i czynić uczniami (Mt 28:18–20). Juda mówi, aby budować się w wierze (Jud 20–21). Piotr wzywa cię, abyś wykorzystywał swoje dary w służbie innym (1P 4:10). Paweł napisał, abyś mówił prawdę w miłości – po to, by twój kościół dojrzewał (Ef 4:13.15). Czy już rozumiesz, dlaczego tak myślimy?

Seria książek o budowaniu zdrowych kościołów ma pomóc ci wypełnić te biblijne polecenia i mieć wpływ na zdrowie kościoła, niezależnie od tego, czy jesteś jego członkiem czy przywódcą. Innymi słowy, mamy nadzieję, że książki te pomogą ci wzrastać w takiej miłości do swojego kościoła, jaką żywi do niego Jezus.

Wydawnictwo 9Marks chce zaoferować krótką, przejrzystą książkę na temat każdej z dziewięciu cech zdrowego kościoła i dodatkowo jedną o zdrowej doktrynie. Będą to książki o: zwiastowaniu ekspozycyjnym, teologii biblijnej, ewangelii, nawróceniu, ewangelizacji, członkostwie w kościele, dyscyplinie w kościele, uczniostwie i wzroście oaz o przywództwie w kościele.

Celem istnienia kościołów lokalnych jest ukazywanie Bożej chwały narodom. Czynimy to, skupiając się na ewangelii Jezusa Chrystusa, ufając Mu w kwestii naszego zbawienia i miłując się wzajemnie z Bożą świętością, jednością i miłością. Modlimy się, żeby pomogła ci w tym książka, którą trzymasz właśnie w rękach.

Z nadzieją
Mark Dever i Jonathan Leeman
redaktorzy serii

WSTĘP

Stare kości

W krypcie pod kamienną podłogą King's College w Cambridge w Anglii, tuż obok bramy zachodniej, spoczywa ciało znakomitego człowieka. Miejsce to ma dwa oznaczenia: „CS" oraz rok śmierci tego człowieka: „1836", oba wyrzeźbione w kamiennym chodniku i wypełnione ołowiem. Jeśli kiedykolwiek będziesz miał okazję tam stanąć – tak jak ja, pełen podziwu – bądź świadom, że te stare kości poniżej twoich stóp należą do kogoś, kto przywrócił Słowu Bożemu centralne miejsce w życiu Kościoła w Anglii.

Był to smutny listopadowy dzień 1836 roku. Co najmniej tysiąc pięćset mężczyzn w togach uczestniczyło w pogrzebie Charlesa Simeona. W niespotykanej na owe czasy liczbie ludzie przyszli oddać szacunek temu pastorowi i kaznodziei[1]. Charles Simeon był darem – Bożym darem dla ludzi jego pokolenia.

Jest on darem także dla nas. Jego przesiąknięty ewangelią instynkt przetrwał próbę czasu i może wywrzeć odświeżający wpływ na głoszenie Słowa także dziś. Głoszenie Simeona bowiem było pełne czegoś, czego dziś naszemu nauczaniu często brakuje.

Czego nam brakuje? Jak możemy to zmienić?

Odpowiedzi są zaskakująco proste i kierują nas do samego sedna kwestii zwanej *głoszeniem ekspozycyjnym*. W dużej mierze to właśnie przekonanie tego znakomitego człowieka na temat Biblii stanowiło źródło jego wpływu. Simeon wierzył, że proste i jasne objaśnienie Biblii sprawia, że Kościół jest zdrowy i szczęśliwy. Biblijna ekspozycja w znaczącej mierze odpowiada za budowanie Kościoła. Owo zakorzenione w nim przekonanie nigdy nie opuściło Simeona. Przez pięćdziesiąt cztery lata zza jednej kazalnicy w uniwersyteckim mieście bez strudzenia poświęcił się prymatowi głoszenia. Tydzień po tygodniu, rok po roku, dekada po dekadzie stawał za kazalnicą i głosił Boże Słowo z przejrzystością, prostotą i mocą. Swoje przekonanie o głoszeniu ekspozycyjnym opisał następująco:

> Moim dążeniem jest wydobywanie z Pisma tego, co w nim jest, a nie narzucanie innym tego, co mi się wydaje, że może w nim być. Jestem bezwzględny w tej kwestii, aby nigdy nie wypowiadać więcej ani mniej niż to, co wierzę, że jest zamysłem Ducha Świętego w danym fragmencie, który wykładam[2].

Simoen uważał, że kaznodzieja ma wobec tekstu zobowiązanie. Sam był oddany temu, by trzymać się treści, nigdy nie wynosząc się ponad tekst Pisma Świętego, tak by nie powiedzieć więcej, niż ów tekst wskazuje, i nigdy nie umniejszając tekstu poprzez uszczuplenie jego siły czy bogactwa.

To przekonanie – ta dojrzała powściągliwość – jest dziś często nieobecne wśród tych, którzy szafują Słowem

Bożym. Mówiąc szczerze, to zguba wielu naszych kościołów, nawet tych doktrynalnie zdrowych. Wiele z tego, co według nas jest wiernym biblijnym nauczeniem, w rzeczywistości chybi celu z powodu braku powściągliwości. I pozwól, że jako pierwszy wyznam, że nie zawsze praktykowałem powściągliwość w wykładaniu Pisma Świętego tak, by wydobywać z niego jedynie to, co się w nim znajduje. Moją modlitwą jest, aby ta krótka książka została użyta przez Boga ku temu, by pomóc nauczycielom i kaznodziejom Słowa Bożego zgłębiać sposoby odkrywania tej kwestii na nowo.

Jednak nie tylko przekonanie Simeona jest warte przemyślenia. Należałoby także przywrócić cele, jakie Simeon widział w głoszeniu ekspozycyjnym. Ujął je następująco:

uniżyć grzesznika,
wywyższyć Zbawiciela,
promować świętość[3].

Nie można tego wyrazić jaśniej. Owe cele powinny nas prowadzić i dziś. Nasz świat, podobnie jak za czasów Simeona, musi się dowiedzieć, jak nisko upadło człowieczeństwo, jak bardzo wywyższony jest Jezus Chrystus i czego wymaga Bóg od swojego ludu. Najlepszym i jedynym sposobem, by pomóc temu światu, jest głoszenie Bożego Słowa w mocy Ducha. Jak mamy to czynić? Jak to wygląda?

Odpowiedzi można znaleźć w głoszeniu ekspozycyjnym. Głoszenie ekspozycyjne jest głoszeniem kontrolowanym, które we właściwy sposób poddaje kształt i przesłanie kazania kształtowi i przesłaniu tekstu biblijnego. Dzięki temu pozwala wydobyć z tekstu to, co Duch Święty tam umieścił, i nie narzuca tekstowi tego, co według kaznodziei może się w nim znajdować. Oczywiście proces ten jest bardziej skomplikowany. I o tym właśnie traktuje reszta tej książki.

Rozpoczniemy od przemyślenia błędów popełnianych przez wielu z nas, w szczególności tych uchybień, które wynikają z naszych prób kontekstualizowania. Następnie rozpatrzymy wyzwania i wymogi egzegezy tekstu, zrozumienie tekstu w świetle całego kanonu biblijnego, a potem głoszenie go w naszym kontekście.

Choć książka ta posłuży z pewnością jako wstęp do głoszenia ekspozycyjnego, mam też nadzieję, że osoby, które już nauczają lub głoszą Boże Słowo, dostrzegą w niej użyteczny wzorzec, w oparciu o który będą mogły ocenić swój dotychczasowy sposób głoszenia. Pragnę, aby lektura tej książki stała się okazją, byś zadał sobie pytania: Czy głoszę tak, jak należy? Czy wydobywam z Pisma Świętego wyłącznie to, co w nim jest? Czy robię to w sposób, który właściwie uniża słuchacza, wywyższa Zbawiciela i promuje świętość w życiu zgromadzonych?

Wymogi i wyzwania głoszenia ekspozycyjnego są liczne. A czynienie postępu w naszej zdolności wiernego szafowania Bożym Słowem nie będzie łatwe. Jestem jednak przekonany, że jeśli kaznodzieje i przywódcy kościołów pozwolą, aby prostota przekonań i cele Simeona do nich przemawiały, wówczas zdrowie i szczęście zborów mogą zostać odświeżone.

A zatem zacznijmy.

1

KONTEKSTUALIZACJA

Kontekstualizacja jest kluczowa dla dobrej ekspozycji. A manuskrypty kazań św. Augustyna prowadzą niektórych do wniosku, że całkiem dobrze stosował on tę zasadę.

> A zatem kiedy Augustyn przedłożył poglądy odnośnie do społeczeństwa, które zostały zaczerpnięte prosto od pogańskich klasyków, nie myślmy, że uczynił to w samoświadomej próbie zaimponowania poganom swoją kulturą czy też w celu pozyskania ich do kościoła przez cytowanie ich ulubionych autorów. Uczynił to bezwiednie, podobnie jak my dziś mówimy, że ziemia jest okrągła. [...] Zdroworozsądkowo wyraził to, co miał do powiedzenia[1].

Bardzo podoba mi się to, w jaki sposób podejście Augustyna do kontekstualizacji uczy nas stosowania jej w głoszeniu. Jego zaskakująca zdolność nawiązywania kontaktu ze słuchaczami stanowiła rezultat ogólnego zainteresowania życiem; nie była wykalkulowanym wynikiem stosowania kulturowych odniesień z nastawieniem na wywarcie dobrego wrażenia. Rozdział ten poruszy problemy, które się pojawiają, gdy kontekstualizacja tego drugiego rodzaju bierze górę nad kaznodzieją podczas głoszenia kazania.

We wstępie opisałem krótko, czym powinno być głoszenie ekspozycyjne. Jest ono próbą wydobycia z Biblii tego, co się w niej znajduje, bez narzucania tekstowi tego, czego Duch Święty w nim nie umieścił; jest dążeniem, by konkretny tekst uniżył słuchacza, wywyższył Zbawiciela oraz promował świętość w życiu odbiorców. Choć nadal nie opisaliśmy, w jaki sposób kazanie ma spełnić te wszystkie wymogi, warto teraz poświęcić chwilę i rozważyć niektóre powszechne sytuacje, w których nasze nauczanie może minąć się z celem.

PROBLEM ŚLEPEGO ODDANIA

Tekst Kontekstualizacja My/teraz

Co mam na myśli, mówiąc o kontekstualizacji w nauczaniu[2]? Prosto rzecz ujmując, kontekstualizacja w nauczaniu jest przekazaniem ewangelii w sposób zrozumiały czy też odpowiedni dla kontekstu kulturowego danego słuchacza. Innymi słowy, kontekstualizacja dotyczy *nas* i *teraz*. Odnosi się do istotności i zastosowania tekstu w obecnym czasie. Konstruktywne podejście to tego tematu przedstawię w rozdziale 4.

Jednym z dzisiejszych problemów głoszenia z konktekstualizacją jest niewłaściwe rozłożenie akcentów. Poprzez wynoszenie kontekstualizacji na poziom badanej dyscypliny nadmiernie skupionej na praktycznych korzyściach niektórzy kaznodzieje traktują tekst biblijny w sposób powierzchowny i połowiczny. Jest to właśnie problem *ślepego oddania*. W zdrowym pragnieniu poruszenia misji swojego kościoła naprzód kaznodzieja skupia się wyłącznie na kreatywnych i artystycznych metodach, które sprawią, że kazanie będzie na czasie, że da ludziom to, czego chcą.

Pomyśl o tym. Niektórzy nauczyciele poświęcają więcej czasu na rozważanie kontekstu kultury, w której żyjemy, niż Słowa Bożego. Stajemy się pochłonięci głoszeniem kazań o naszym świecie czy mieście, staramy się być aktualni. W wyniku tego zadowalamy się przekazywaniem płytkich wrażeń z tekstu. Zapominamy, że tekst biblijny *jest* właściwym słowem. Zasługuje na nasz największy wysiłek w rozmyślaniu nad nim i wyjaśnianiu go.

Ujmując to inaczej, nauczyciel jest zdany na rozminięcie się z celem biblijnej ekspozycji, gdy pozwala, by kultura, którą próbuje zdobyć dla Chrystusa, kontrolowała Słowo Chrystusa, które ma on za zadanie głosić. Jak stwierdziłem na wstępie, na tym polega klęska wielu osób w naszych kościołach. Zbyt wielu z nas nieświadomie wierzy, że to właśnie dobrze przestudiowany i pojmowany kontekst kulturowy, a nie Biblia, stanowi klucz do nauczania z mocą.

Ślepe oddanie kontekstualizacji zmienia nasze nauczanie na co najmniej trzy sposoby, a żaden z nich nie prowadzi ku dobremu. Po pierwsze, wykrzywia nasze studiowanie tekstu – w swoich przygotowaniach do kazania dany nauczyciel staje się bardziej pochłonięty światem niż Bożym Słowem. To prowadzi do *głoszenia impre-*

sjonistycznego. Po drugie, zmienia przeznaczenie kazalnicy – teraz Słowo ma wspierać nasze oszałamiające plany i cele, nie zaś plany i cele Boże. Jest to *głoszenie nietrzeźwe*. Po trzecie zaś przeistacza nasze zrozumienie autorytetu – „świeży" i „inspirujący" sposób czytania staje się elementem determinującym prawdę. Nazywam to *głoszeniem „natchnionym"*.

Przyjrzyjmy się bliżej każdemu z tych aspektów. Prawdopodobnie okaże się, że część z tego, co uważamy za głoszenie ekspozycyjne, nie trafia w sedno.

GŁOSZENIE IMPRESJONISTYCZNE

W latach pięćdziesiątych XIX wieku dominującym stylem artystycznym był *realizm*. Miał on na celu ukazanie tego, co widział artysta, w sposób jak najbardziej zbliżony do rzeczywistego. Dwaj młodzi studenci, którzy kształcili się w realizmie, Claude Monet oraz Pierre-August Renoir, zaprzyjaźnili się i rozpoczęli wspólnie malować – wraz z kilkoma innymi osobami. To młode pokolenie miało tendencje do używania jaśniejszych kolorów niż ich realistyczni nauczyciele, woleli też malować życie współczesne aniżeli sceny historyczne i mitologiczne, świadomie porzucając także romantyzm poprzedników.

Punkt przełomowy, który pomógł tym młodym malarzom zacząć identyfikować się jako grupa, nadszedł w roku 1863 podczas wystawy i konkursu *Salon de Paris* (Salon paryski). Tak wiele spośród ich dzieł zostało odrzuconych przez sędziów, że zorganizowano alternatywną wystawę, pod nazwą *Salon des Refusés* (Salon Odrzuconych)³. W czasie kolejnych dziesięciu lat ci młodzi artyści zabiegali o ciągłość alternatywnych wystaw ich nowego stylu malarstwa, wciąż jednak nie zyskiwali akceptacji.

W roku 1873 Monet, Renoir i kilka innych osób utworzyło anonimowe zrzeszenie artystów, aby niezależnie wystawiać swoje prace. Pierwsza publiczna wystawa tej nowej grupy miała miejsce w kwietniu 1874 roku w Paryżu. Ich styl zmienił się jeszcze bardziej. Renoir zaczął eksperymentować, modyfikując rzeczywistość, którą dostrzegał – wyraźnie odchodząc od realizmu. Monet stosował luźne pociągnięcia pędzla, rezygnując z precyzyjnego odwzorowywania rzeczywistości, które nadal było preferowane przez starsze pokolenie. Na przykład jego *Impresja, wschód słońca* utrwala port Le Havre o poranku. Zapytany o tytuł dzieła, zdając sobie sprawę, że nie było ono realistycznym obrazem portu, artysta dodał do tytułu słowo „impresja". Tytułu tego później używali krytycy w celu ośmieszenia artystów, mówiąc o nich „impresjoniści".

Jedną z najśmielszych innowacji grupy było wykorzystanie światła. Na przykład dzieło Renoira z 1876 roku *Bal w Moulin de la Galette* ukazuje ogrodowy bal z tańcami w paryskiej dzielnicy Montmartre. Renoir stosuje tu elementy bieli na ziemi czy na niebieskiej marynarce, oddając w ten sposób obecność promieni słonecznych. Modyfikacja światła zaczyna uwypuklać szczegóły i zniekształcać to, co faktycznie widział artysta.

Impresjonista patrzy na rzeczywistość, interpretuje ją, wyolbrzymia czy pomija pewne jej elementy, w ostateczności ją zniekształcając.

Pomyśl teraz, co robisz, gdy siadasz do przygotowania swojego kazania. Otwierasz Biblię. Nie masz wiele czasu. Prawdopodobnie dziś wieczorem masz spotkanie, może nawet dwa. Musisz się jeszcze zająć sprawami swojej rodziny lub kościoła. Z pewnością masz ręce pełne pastorskiej pracy. Jednak musisz w niedzielę coś powiedzieć. Zatem zaczynasz od przeczytania wybranego fragmentu i zapisujesz notatki w komputerze w sposób, w jaki artysta pracuje z płótnem – szybkie uderzenia, barwne połączenia pomiędzy Słowem i światem, jaki jest ci znany.

Szukasz rzeczy, o których wiesz, że wywołają natychmiastowe wrażenie (*impresję*) na twoich słuchaczach. Zaczyna ci się podobać ta chwilowa dygresja. Zadanie nie jest trudne. Wkrótce wyłania się główna myśl. Skupiasz się na kontekstualizacji, ponieważ – podobnie jak twoje niedzielne zgromadzenie – nie jesteś pasjonatem spraw historycznych. Przecież powołali cię do tej służby, ponieważ cenią to, że w przyciągający uwagę sposób ukazujesz przesłanie biblijnych scen starożytnego realizmu, które w przeciwnym wypadku byłyby dla nich niedostępne. Szczegółowe studium fragmentu może poczekać.

Przesłanie w tym tygodniu, podobnie jak w ubiegłym, skupi się na istotnych wrażeniach, które czerpiesz z danego fragmentu. Punkty zastosowania wydają się już wyłaniać niczym promienie światła, które będziesz mógł rozproszyć w wyrazistych barwach nad swoim zgromadzeniem. Spoglądasz na telefon, by sprawdzić godzinę. Odkąd zacząłeś, minęło piętnaście minut.

To jest głoszenie impresjonistyczne.

Zdarza się ono często. W istocie może to być najważniejszy problem, który dziś dotyka kaznodziejów. Głoszenie impresjonistyczne jest niezwiązane z rzeczywistością danego tekstu. Omija jego historyczne, literackie i teologiczne kontury. Omija – w zaledwie kilka minut – wiele egzegetycznych narzędzi, na których wykształcenie poświęciłeś dużo czasu. Tam, gdzie malarz realistyczny spogląda na dany obiekt dziesięciokrotnie przed wykonaniem pojedynczego pociągnięcia, impresjonista zerka i nanosi na płótno dziesięć pociągnięć na kanwie ludzkiego doświadczenia. Tak też czyni impresjonistyczny nauczyciel.

Nie ulega wątpliwości, że impresjonistyczne nauczanie jest łatwiejsze i szybsze. Ma więcej sensu, jeśli weźmie się pod uwagę napięty grafik. Ale wiedz, że ostatecznie oznacza ono, że robisz z tekstem, co ci się podoba.

Spójrzmy na pewien przykład. Wyobraź sobie, że przygotowujesz się do wykładu na zajęcia dla młodych rodziców. Decydujesz się mówić w oparciu o 1 Księgę Samuela 2:12–21. Przeczytaj ten fragment:

> *Ale synowie Heliego byli nikczemni i nie znali Pana. Nie trzymali się też prawa obowiązującego kapłanów i lud. Bo gdy ktoś składał ofiarę, przychodził sługa kapłański, gdy mięso się gotowało, z trójzębnym widelcem w ręku, i wsadzał go do kotła lub do garnka, czy do rondla, czy do misy, i wszystko, co widelec wydobył, brał kapłan dla siebie. Tak czynili całemu Izraelowi, który przychodził tam do Sylo. A nawet, zanim tłuszcz spalili, przychodził sługa kapłański i mówił do ofiarującego: Daj mięso na pieczeń dla kapłana, bo on nie przyjmie od ciebie mięsa gotowanego, tylko surowe. A jeśli ten człowiek rzekł: Najpierw*

> *należy spalić tłuszcz, a potem weź sobie, czego tylko pragnie dusza twoja, to on mówił do niego: Nie, lecz zaraz teraz daj, a jeśli nie, to zabiorę gwałtem. I bardzo wielki był grzech tych młodzieńców przed obliczem Pana, gdyż ludzie lekceważyli składanie Panu ofiar. A Samuel służył przed Panem jako pacholę ubrane w lniany efod. Jego matka szyła mu mały płaszczyk i przynosiła mu go corocznie, gdy przychodziła z mężem, aby składać doroczną ofiarę. I błogosławił Heli Elkanie i jego żonie, mówiąc: Niechaj ci Pan wzbudzi potomstwo z tej żony w zamian za tego, którego odstąpiła Panu. Potem poszli do swojej miejscowości. I wejrzał Pan na Annę, i poczęła, i porodziła trzech synów i dwie córki. Pacholę Samuel zaś wzrastało przed Panem.*

Przy pierwszym czytaniu tego fragmentu wyłaniają się trzy rzeczy:

1. Tekst przedstawia dwie pary rodziców i dzieci: Heliego i jego nikczemnych synów oraz Annę i jej małego Samuela, który służy Panu.

2. Jesteś pod wrażeniem kontrastu pomiędzy nimi. Historię Heliego czyta się niemalże jak podręcznik złego rodzicielstwa, podczas gdy postępowanie Anny prowadzi do lepszych rezultatów.

3. Dochodzisz do dwóch wniosków, tworząc zarys swojego przesłania. Po pierwsze, źli rodzice pozwalają swoim dzieciom za dużo jeść, a dobrzy rodzice nie. Jakże odrażające było objadanie się synów Heliego mięsem z ofiar. Po drugie, źli rodzice nie korzystają ze środowiska kościoła, by zachęcać swoje dzieci do po-

bożnego życia, podczas gdy dobrzy rodzice są zawsze obecni i dostępni. Jakże wspaniałe musiało być dla Anny to, że Samuel zawsze był w kościele, gdy tylko drzwi stały otworem.

Koniec. Masz już zarys. A najważniejsze, że twój wykład przemówi do młodych rodziców w zborze. W końcu coraz częściej mówi się o nadwadze wśród dzieci i zastosowaniu odpowiednich środków, by jej zapobiegać. Nie trzeba wiele, byś poddał kontekstualizacji podobne zasady w odniesieniu do duchowego samopoczucia rodziców.

Wygłaszasz przesłanie. Następnie dowiadujesz się, że w wyniku twojego nauczania zostanie utworzony nowy program dla dzieci. Planowane są weekendowe wyjazdy poświęcone dobremu rodzicielstwu. Wspaniale! Ludzie rozmawiają o chrześcijańskim rodzicielstwie.

Tego typu głoszenie impresjonistyczne powoduje wzrost kościołów. Naprawdę nic dziwnego, że nie poświęcamy wiele czasu na przygotowanie kazań. Bo nie potrzebujemy. Możemy to zrobić szybko i to działa. To niemalże improwizacyjne nauczanie.

Ale przecież rozmijamy się z bogactwem Bożego Słowa. Rozmijamy się z główną myślą fragmentu. Jeśli przeczytamy go kilka razy, może się okazać, że podstawowym zagadnieniem fragmentu z 1 Księgi Samuela 2:12–21 wcale nie jest rodzicielstwo. Jest nim świętość Boga. *Ten fragment mówi o Bogu* i o tym, jak złe przywództwo Bożych ludzi prowadzi do drwiny z samego Boga. Problem ukazany w tym tekście to niewłaściwe uwielbienie Boga. A jeśli bardziej zagłębimy się w księgę, zobaczymy, że pojawia się w niej motyw zastąpienia wewnątrz Bożej rodziny. W tym konkretnym fragmencie wyłania się nam Samuel, gdyż to on stanowi alternatywę dla synów Heliego, by zająć się uwielbieniem Boga w zgodzie z Bożym Słowem. Bóg nie może dokończyć swojego dzieła, ponieważ Jego Słowo zostało unieważnione. Mimo to, gdy sytuacja wydaje się beznadziejna, Bóg wzbudza kolejnego człowieka i kapłana, który będzie przewodził.

Czy to oznacza, że nie możemy nauczać o rodzicielstwie na podstawie tego tekstu? Niekoniecznie. Oznacza to jednak, że nie możemy pominąć głównego punktu tego fragmentu. Możliwe zastosowania nigdy nie mogą przysłonić głównej myśli tekstu. I chociaż możemy wymienić właściwe aspekty rodzicielstwa ukazane w tym fragmencie, powinniśmy czynić to w sposób, który z szacunkiem podporządkowuje się temu, na co tekst kładzie nacisk. W tym cała różnica. W tym całe wyzwanie. Czytamy takie historie i okazuje się, że niestety nie rozumiemy tego, co Duch Święty uwypukla – redukujemy Boże Słowo do przekazania pewnych zasad pobożnego życia. W przykładzie z 1 Księgi Samuela skończyło się niestety na zupełnym pominięciu Chrystusa jako ofiary zastępczej nieudanego kapłaństwa. Utraciliśmy Jezusa na rzecz impresjonizmu. A w Jego miejsce mówimy o rodzicach, którzy są bardziej oddani moralizowaniu niż chrześcijańskiemu przesłaniu.

Należy zauważyć, że to *nie* głoszenie impresjonistyczne stanowi problem. Jest ono naturalnym skutkiem *ślepego oddania się kontekstualizacji* i tego, jak to postrzeganie monopolizuje nasz czas. Musimy pamiętać o przekonaniu, które powściągało Charlesa Simeona w czasie studiowania Słowa: wydobyć z Pisma Świętego to, co tam się znajduje. Łatwo jest pozwolić, aby impresjonistyczne podejście zawładnęło twoim studium Słowa i przygotowaniem do głoszenia. Zwłaszcza jeśli faktycznie jesteś osobą „na luzie" czy „na czasie" lub próbujesz nią być. Wówczas takowe podejście może stać się kokainą, którą wciągasz w odosobnieniu. A gdy już odniesiesz jakiś sukces w tej dziedzinie, zaczynasz wierzyć, że jesteś kaznodzieją ekspozycyjnym. Jednak, jak przekonamy się w kolejnych rozdziałach, biblijna ekspozycja wymaga odmiennego podejścia do studiowania Słowa.

GŁOSZENIE NIETRZEŹWE

Przejdźmy teraz od studiowania Bożego Słowa do sposobu, w jaki używamy go za kazalnicą. Szkocki poeta Andrew Lang wymierzył raz zabawny cios politykom swoich czasów inteligentnym stwierdzeniem, oskarżając ich o manipulację statystykami[4]. Po lekkiej modyfikacji owa dowcipna uwaga mogłaby zostać skierowana przeciwko nauczycielom biblijnym: „Niektórzy nauczyciele używają Biblii jak pijany człowiek latarni... bardziej dla podparcia niż dla oświetlenia".

Są to nauczyciele nietrzeźwi. Zakładam, że nie muszę ci mówić, byś się takim nie stał. Jednak faktem jest, że wielu z nas stosuje ten typ głoszenia, nawet nie zdając sobie z tego sprawy.

Pozwól, że to wyjaśnię. Jeśli stoimy za kazalnicą i opieramy się na Biblii, by uzasadnić to, co sami chcemy powiedzieć, zamiast przekazywać jedynie to, co Bóg zamierzył powiedzieć w Biblii – jesteśmy właśnie niczym ten nietrzeźwy człowiek, który opiera się o latarnię zamiast korzystać z jej światła. Właściwszą postawą dla kaznodziei jest poddanie się tekstowi biblijnemu. Gdyż to Biblia – a nie my, którzy głosimy – jest Słowem Ducha (zob. Hbr 3:7; J 6:63).

W czasie swojej kilkudziesięcioletniej służby pastorskiej wielokrotnie sam byłem takim nietrzeźwym nauczycielem. Sięgałem do Biblii, by poprzeć to, co według mnie powinno być powiedziane. Biblia pomogła mi osiągnąć to, co sobie zamierzyłem. Niekiedy traciłem z oczu fakt, że to *ja* mam być narzędziem – kimś, kogo Bóg używa ku swojemu celowi. Ja mam głosić o świetle, które zgodnie z Jego wolą ma się wylewać na zewnątrz z danego tekstu.

To, co mi się przytrafiło, może się stać udziałem każdego z nas. Na wiele sposobów używamy Biblii jak pijany latarni. Być może masz wyjątkowo silne doktrynalne poglądy, które są główną myślą każdego twojego kazania, bez względu na przekaz fragmentu. Być może wysuwasz polityczne, społeczne lub terapeutyczne wnioski wbrew zamierzeniu Ducha Świętego w danym tekście. W gruncie rzeczy nasza skłonność do nietrzeźwego głoszenia kosztem głoszenia ekspozycyjnego bierze się z jednego: nakładamy na biblijny tekst nasze głęboko chowane pasje, cele i perspektywy. Kiedy tak czynimy, Biblia staje się jedynie wsparciem tego, co my mamy do powiedzenia.

Pozwól, że podzielę się osobistym przykładem ilustrującym, jak łatwo może do tego dojść. Kilka lat temu nauczałem z 2 Listu do Koryntian. Kiedy dotarłem do rozdziałów 8 i 9, zdecydowałem je pominąć – przechodząc do rozdziału 10 i dalej. Powód był prosty. Chciałem zachować rozdziały 8 i 9 na późniejszy czas w życiu naszego kościoła. Mówią one o pieniądzach. Pomyślałem sobie: „Starsi przyjdą do mnie w pewnym momencie z prośbą o wygłoszenie kazania o zarządzaniu". W tamtym czasie nasz kościół dobrze sobie radził finansowo. Sensowne wydawało się, by zachować ten fragment na czas, w którym będziemy potrzebowali finansowego zastrzyku, byśmy nadal byli wypłacalni. I tak ominąłem rozdziały 8 i 9, choć jest to rzadkością dla mnie jako kaznodziei sztywno trzymającego się kolejności.

I faktycznie – taki czas nastąpił. Sięgnąłem do rozdziałów 8 i 9 z 2 Listu do Koryntian, by przygotować kazanie na temat znaczenia szczodrego dawania. Teraz ważne jest, abyś wiedział, że jeszcze przed rozpoczęciem studiowania tekstu miałem w głowie wyraźny pomysł na to, co chciałbym powiedzieć zza kazalnicy. Zamierzałem skupić wszystkie swoje spostrzeżenia na trzech wersetach, które wyraźnie koncentrowały się na radosnym dawcy:

A powiadam: Kto sieje skąpo, skąpo też żąć będzie, a kto sieje obficie, obficie też żąć będzie. Każdy, tak jak sobie postanowił w sercu, nie z żalem albo z przymusu; gdyż ochotnego dawcę

> *Bóg miłuje. A władny jest Bóg udzielić wam obficie wszelkiej łaski, abyście, mając zawsze wszystkiego pod dostatkiem, mogli hojnie łożyć na wszelką dobrą sprawę, jak napisano: Szczodrze rozdaje, udziela ubogim, sprawiedliwość jego trwa na wieki* (2Kor 9:6-9).

Rozpocząłem od postawy wobec pieniędzy, jakiej Bóg od nas oczekuje. Werset 6 mówi o tym, że szczodre dawanie oznacza szczodre zbieranie. (Bardzo mi się podobało rozpoczęcie od kwestii postawy, ponieważ to dobrze łączyło mój wstęp z zastosowaniem „dawania"!) Werset 7 wskazuje przecież, że Bóg miłuje ochotnego dawcę. Motywacja ku dawaniu (Bóg ci odpłaci) miała być moim drugim punktem. W wersecie 8 czytamy: *władny jest Bóg udzielić wam obficie wszelkiej łaski*. Na koniec miałem odnieść się do cytatu z Psalmów, by uwidocznić Boski bodziec ku naszej szczodrości. Wydaje się przecież, że werset 9 wskazuje, że sam Bóg „hojnie rozdaje". Mój trzypunktowy zarys wyglądał następująco:

1. 2Kor 9:6-7: Dawaj Bogu (jest to postawa, jakiej Bóg od nas oczekuje).

2. 2Kor 9:8: Otrzymuj dobre rzeczy od Boga (to przemawia do naszej motywacji).

3. 2Kor 9:9: Dawanie jest sposobem na naśladowanie Boga (mówi nam o tym Stary Testament).

I chociaż nie wczytywałem się w tekst zbyt długo, wiedziałem, że mam już kazanie, które łatwo trafi do uszu. Byłem na dobrej drodze, by przekazać praktyczne i przejmujące przesłanie. Wiedziałem, czego ludzie potrzebują, a Biblia potwierdzała moją rację.

Ale potem stało się coś ciekawego. Zanim nastała niedziela i zanim wszedłem za kazalnicę, by nauczać, zacząłem badać tło tych rozdziałów. To, co odkryłem, wstrząsnęło fundamentem wszystkiego, co zaplanowałem powiedzieć. Czytając 1 List do Koryntian 16:1–4 i Dzieje Apostolskie 11:27–30, dowiedziałem się, że moje wersety dotyczyły głodu i niezaspokojonych potrzeb wśród niektórych kościołów. Mój tekst o ochoczym dawaniu nie dotyczył regularnego dawania na budżet lokalnego kościoła. Chodziło o kolektę na zapomogę dla głodujących chrześcijan pochodzenia żydowskiego w kościołach innych części świata.

Jakby tego było mało, odkryłem także inne rzeczy. Z 2 Listu do Koryntian 11:5 i 12:11 dowiedziałem się, że główny spór w tym Liście toczył się wokół rzekomo nieskutecznej służby Pawła w porównaniu z superapostołami posiadającymi ten rodzaj mocy, który był szanowany przez zbór w Koryncie. Paweł nie był biegły w mowie (11:6), zjawił się w uniżeniu (11:7), zawsze był w potrzebie (11:9) i nie miał stałych źródeł finansowania (12:14–15). Tak przedstawiał się kontekst tych rozdziałów poświęconych ofiarności. Wówczas doznałem oświecenia. Opisane tu dawanie miało służyć jako próba! Gdyby Koryntianie hojnie dawali, byłoby to oznaką ich utożsamiania się ze „słabością" i gotowością do zaspokajania potrzeb tych, którzy są słabi. Jeśliby jednak łożyli skąpo na fundusz głodujących, dowiodłoby to ich utożsamiania się tylko z tymi, którzy mają wszystko. Nagle uświadomiłem sobie, że jestem w poważnym niebezpieczeństwie niezrozumienia całego Listu!

Wtedy wszystko się zmieniło. Spojrzałem na Psalm zacytowany w 2 Liście do Koryntian 9:9. Sądziłem, że uczy on, iż szczodre dawanie stanowi naśladowanie Boga. W rzeczywistości jednak ukazuje, że jesteśmy jak „sprawiedliwy" człowiek. Pawłowi nie chodziło o to, by Koryntianie hojnie dawali w celu odzwierciedlania Boga. Miał raczej na myśli, że hojne dawanie jest zwykłą cechą tych, którzy podążają za Bogiem.

W tym miejscu wiedziałem, że jestem w tarapatach. I chociaż na podstawie Biblii utworzyłem wspaniały rys kazania, które miało wypełniać mój cel związany z deficytem w naszym budżecie, tak naprawdę jedynie oparłem się na Biblii tak, jak pijany człowiek korzysta z latarni – szukałem uzasadnienia, a nie oświecenia.

Pozostałe pytania, na które musiałem sobie odpowiedzieć, zanim stanąłem za kazalnicą w tamtą niedzielę, brzmiały: Kto będzie królował? Ja czy tekst Biblii? Czy to ja będę władał tekstem w tym tygodniu czy to on będzie władał nade mną? Czy będę opierał się na Słowie ku zrealizowaniu własnych celów i planów czy też podporządkuję się mu, pozwalając Duchowi Świętemu na oświecanie, tak by to On na swój sposób prowadził ludzi?

W ostatecznym rozrachunku przekonanie, które pozwoliło Charlesowi Simeonowi na zachowanie dojrzałej powściągliwości za kazalnicą, stało się i moim przekonaniem. „Jestem bezwzględny w tej kwestii, aby nigdy nie wypowiadać więcej ani mniej niż to, co wierzę, że jest zamysłem Ducha Świętego w danym fragmencie, który wykładam"[5].

Z osobistego doświadczenia mogę powiedzieć, że moje własne zmagania z nietrzeźwym głoszeniem zawsze wiążą się ze *ślepym oddaniem się kontekstualizacji*. Nauczyłem się, że potrzeby mojego zgromadzenia, postrzegane w wyniku mojego kontekstualizującego myślenia, nigdy nie powinny być siłą napędową tego, co mówię zza kazalnicy. Nie mamy prawa czynić z Biblią tego, co się nam podoba. Ona jest suwerenna. Musi zwyciężać. Zawsze.

Nasza rola jako kaznodziejów i nauczycieli biblijnych polega na tym, by poddawać się pouczającemu światłu tych słów, które już dawno zostały spisane przez Ducha Świętego. Naszym zadaniem jest powiedzieć dziś to, co Bóg już raz powiedział – i nic ponad to. Gdy tak czynimy, On nadal przemawia.

GŁOSZENIE „NATCHNIONE"

Przyjrzeliśmy się dwóm negatywnym skutkom dla biblijnej ekspozycji, jakie niesie ze sobą ślepe oddanie się kontekstualizacji. Najpierw zbadaliśmy wpływ, jaki ma to podejście na samego kaznodzieję w jego studium Słowa. Ta metoda przygotowywania się może prowadzić do *głoszenia impresjonistycznego*. Po drugie, sprawdziliśmy, jak ślepa kontekstualizacja może wpłynąć na używanie Biblii przez głoszącego zza kazalnicy. Cotygodniowy nacisk na aktualność może skutkować *głoszeniem nietrzeźwym*.

Teraz chciałbym zabrać kaznodzieję zza jego biurka i poza kazalnicę oraz przyjrzeć się temu, jak czyta on Biblię prywatnie. Nawet tutaj współczesne metody czytania, które ludzie stosują w ramach swojego „cichego czasu", mogą zaszkodzić publicznemu głoszeniu Słowa Bożego. Jeśli połączymy te metody prywatnego czytania ze ślepym oddaniem kontekstualizacji, otrzymamy coś, co nazywam *głoszeniem „natchnionym"*.

Pozwól, że to wyjaśnię. Dzięki Bożemu autorstwu Biblia jest i zawsze będzie autorytatywnym i natchnionym Słowem Stwórcy. Niestety jednak – i tu docieram do głównego punktu – kaznodzieje w coraz większym stopniu traktują swoje subiektywne czytanie tekstu jako natchnione. Coraz częściej wmawia się głoszącym kazania, że *Duch Boży* pragnie, by głosili publicznie to, co ich porusza w prywatnym czasie czytania Biblii.

Jeden z przykładów takiej metody czytania – *Lectio Divina* – ma długą historię. Ta tradycyjna benedyktyńska praktyka interpretacji Pisma Świętego miała na celu pobudzenie wspólnoty z Bogiem i, w mniejszym stopniu, do zaznajomienia się z Biblią. Faworyzuje ona spojrzenie na biblijny tekst jako na „żywe Słowo", nie zaś słowa spisane w celu nauki. Zwyczajowe formy tej praktyki obejmują cztery kroki osobistego czytania Biblii: czytanie, rozmyślanie, modlitwę i kontemplację. Rozpoczyna się od wyciszenia swojego serca poprzez zwykłe czytanie danego tekstu. Następnie medytuje się, często nad pojedynczym słowem lub wyrażeniem, i celowo unika tego, co może być uznane za podejście „analityczne". W gruncie rzeczy celem jest tu czekanie na oświecenie Ducha, aby móc dotrzeć do znaczenia tekstu. Człowiek czeka, aż przyjdzie do niego Jezus i przemówi. Gdy słowo zostanie już przekazane, przechodzi się do modlitwy. Modlitwa jest przecież rozmową z Bogiem. Bóg przemawia przez swoje Słowo, a człowiek przez modlitwę. Ostatecznie taka modlitwa staje się modlitwą rozważającą, która daje nam zdolność zrozumienia głębszych prawd teologicznych.

Brzmi to niesamowicie pobożnie. Istotnie wydaje się, że ma to solidną podstawę biblijną: *Albowiem nam objawił to Bóg przez Ducha; gdyż Duch bada wszystko, nawet głębokości Boże* (1Kor 2:10). Odkładając na moment to, co Paweł miał na myśli w tym fragmencie, musimy stwierdzić, że *Lectio Divina* jest metodą duchową, w odróżnieniu od systematycznego studiowania. Badanie zastępuje intuicją. Przedkłada nastrój i emocje ponad metodyczne i uzasadnione dociekanie. Stawia na równi ducha człowieka z Duchem Świętym.

A *ślepe oddanie się kontekstualizacji* to uwielbia! To, czego ludzie dziś pragną bardziej niż czegokolwiek innego, to „świeże słowo" od Boga, coś, co pochodzi od Jego Ducha, co pokrzepi nasze zubożałe życie duchowe.

Chociaż *Lectio Divina* historycznie jest rzymskokatolicką formą interpretacji tekstu, w ostatnich latach doczekała się czegoś w rodzaju odrodzenia, szczególnie wśród ewangelicznych protestantów. I nawet tam, gdzie w praktyce nie nosi tego miana, zadziwiająco przypomina sposób głoszenia, którego naucza się młodych kaznodziejów. Mówi się im, by czytali Biblię kontemplacyjnie, po cichu, czekając, aż przemówi Duch Święty: „Bądź tego pewien – cokolwiek Bóg kładzie ci na sercu na podstawie danego tekstu w ciszy danej chwili, użyje tego także w życiu innych osób. Tak więc nauczaj tego! To musi być natchnione".

Weźmy za przykład jeden z tych wspaniałych wersetów z kalendarzy chrześcijańskich, List do Filipian 4:13: *Wszystko mogę w tym, który mnie wzmacnia, w Chrystusie.*

W jaki sposób podchodzimy do tego fragmentu? Zaczynamy czytać go osobiście, jak gdyby Paweł napisał to bezpośrednio do nas. Następnie odczytujemy „wszystko" jako „cokolwiek". Myślimy, że w oczywisty sposób werset ten odnosi się do „czegokolwiek". Kiedy napotykamy jakąkolwiek trudność, Bóg daje nam siły do jej pokonania. Czy potrzebuję tego awansu w pracy? Bóg da mi siłę. Czy potrzebuję rzutu za trzy punkty w ostatnich dwudziestu sekundach, aby wygrać mecz? Bóg da mi siłę. Cóż za natchnienie! Sprawdza się doskonale w chwilach, w których musimy odnieść sukces. A ponieważ zrozumieliśmy dany tekst kontemplacyjnie, kuszące jest, aby stanąć za kazalnicą i w ten sposób nauczać.

Problem pojawia się, gdy przeczytamy tekst głębiej. Wtedy dostrzeżemy, że Paweł nie mówi o „czymkolwiek". Jeśli przeczytamy tylko kilka dodatkowych zdań w sąsiedztwie tego wersetu, zdamy sobie sprawę, że zdanie to jest elementem opisu cierpienia w więzieniu. Apostoł mówi tu o przetrwaniu. Nie o awansach ani rzutach gwarantujących wygrany mecz, ale o wytrwaniu w trudzie tak, aby ewangelia się krzewiła (por. Flp 1:12). Nie potrzeba wiele, by odwrócić naszą prawie że natchnioną, kontemplacyjną interpretację. Wymaga to jedynie dwóch lub trzech wersetów.

Tego rodzaju „natchnione" nauczanie to bardzo niebezpieczna gra. Jest całkowicie subiektywne. Kiedy przestajemy ciężko pracować nad zrozumieniem słów, które dał nam Duch, i nie skupiamy się wyłącznie na Jego zamyśle, stawiamy siebie za ostateczny autorytet nad znaczeniem Pisma Świętego. Zaczynamy ustanawiać „prawdy" i „porady", które są biblijnie nieuzasadnione i nieprawdziwe. Być może czynimy tak w dobrych intencjach, na przykład z poczucia odpowiedzialności za zdrowie moralne członków społeczności czy też z autentycznego pragnienia odnowienia świata, w którym żyjemy. Niemniej jednak zaczynamy wychodzić poza ortodoksyjną doktrynę. Mylimy „tak mówi Pan" z „tak mówię ja". Skłaniamy nasze zgromadzenie do zaufania nam samym zamiast Słowu.

I prawdopodobnie ani ty, ani ja nie przyznamy się głośno do takiego stanowiska, gdy chodzi o Biblię. Podświadomie jednak często działamy tak, jakby właśnie tak było.

Jak to wygląda? Wielu kaznodziejów – szczególnie młodych – zaczyna pracę z tekstem w celu własnego zbudowania czy wzrostu duchowego. I z natury nie jest to zła praktyka, a nauczanie refleksyjne nie jest z założenia złą rzeczą. Wszyscy powinniśmy być duchowo uświadomieni przez obraz Chrystusa ukazany w danym tekście i podporządkowani mu. Problem polega na tym, że łatwo ulegamy pokusie, by przejść od sposobu, w jaki Duch przemawia do nas w tekście, do tego, jak powinien On działać pośród naszych słuchaczy. Wtedy nasze postępowanie przypomina głoszenie impresjonistyczne, choć ubrane bardziej w pobożność niż w praktyczność.

Nie zrozum mnie źle – *nie* twierdzę, że Duch nie odgrywa żadnej roli w głoszeniu ekspozycyjnym. To byłby straszny błąd. Choć jest prawdą, że ludzie nawracają się i dojrzewają w wierze dzięki głoszeniu ekspozycyjnemu, Słowo ewangelii musi być połączone z działaniem Ducha ku przekonaniu o grzechu, ku odrodzeniu, upamiętaniu, uwierzeniu oraz wytrwaniu do końca. Ujmując to inaczej: *A zatem ani ten, co sadzi, jest czymś, ani ten, co podlewa, lecz Bóg, który daje wzrost* (1Kor 3:7).

Jak się okazuje, ta „współczesna" relacja między refleksyjnym czytaniem Biblii a głoszeniem Słowa – a w szczególności odwoływanie się do pragnienia, by być duchowym w kontekstualizacji – nie jest tak nowa, jak moglibyśmy sądzić. Postawa ta była widoczna wśród takich postaci teologicznych jak Karl Barth i ruch neoortodoksyjny na początku XX wieku. Niemiecka wyższa krytyka „udowodniła", że tekst Biblii został skażony, a przynajmniej tak uważano. A ponieważ tekst został skażony, czytelnicy Biblii nie są w stanie w sposób wiarygodny dotrzeć do intencji autora. Barth wraz z ruchem neoortodoksyjnym mieli ogólnie wysoki obraz Pisma Świętego, ale w niektórych miejscach ustępowali wyższej krytyce, gdy chodziło o jego werbalne natchnienie. Stąd w kościele neoortodoksyjnym odpowiadanie na słowa Biblii poprzez wyrażenie „Oto Słowo Pańskie" było już nie do utrzymania. Czytelnik raczej mógłby powiedzieć coś w rodzaju: „Nasłuchuj Słowa Pana". Zakładano, że wszystko, co nam pozostaje, to Duch Święty, i dlatego powinniśmy słuchać kogoś, kto został przez Niego natchniony.

Wystarczyło tylko jedno pokolenie, aby niektórzy spośród ewangelicznie wierzących posunęli się dalej niż Barth w poszukiwaniu „natchnionego" i „uduchowionego" głoszenia. Ale czy my jesteśmy godni zaufania? Duch Święty niewątpliwie jest godny zaufania i może w sposób nadprzyrodzony przekazać nam swoje przesłanie. Jednak czy ta możliwość zwalnia nas z ciężkiej pracy nad egzegezą? W takim razie po co w ogóle Duch Święty miałby dać natchnienie Pismu? Czy nie jest możliwe, że Duch działa zarówno poprzez studium, jak i przez rozmyślanie? Czyż poprzez praktykowanie takiego subiektywnego podejścia, jakim jest głoszenie „natchnione", nie ryzykujemy zignorowania tego, co Bóg mówi w swoim Słowie, na rzecz tego, co sami chcemy powiedzieć? Czyż nie dostosowujemy się wówczas do ducha tego czasu (którego oczywiście jesteśmy częścią) zamiast do głębi Bożego Słowa?

PODSUMOWANIE

Ślepe oddanie się kontekstualizacji jest bardzo realnym problemem kaznodziejów. W sposób bezkrytyczny i niepohamowany dążymy w głoszeniu do bycia aktualnym, a to z kolei prowadzi do najpłytszego z możliwych podejścia do pracy nad zrozumieniem tekstu. W tym rozdziale przyjrzeliśmy się temu problemowi z trzech stron. Po pierwsze, zbadaliśmy to, co się dzieje podczas przygotowywania się kaznodziei, kiedy kontekst kulturowy dyktuje treść kazania zamiast je jedynie wspierać. W efekcie zastępujemy realizm biblijnego tekstu czymś, co w najlepszym przypadku jest *impresjonistyczne*. Po drugie, ślepe oddanie się kontekstualizacji często powoduje, że zawodzimy we właściwym sposobie używania Biblii za kazalnicą. Wielu z nas cierpi na uzależnienie od praktyczności, mniemając, że jesteśmy w stanie przewidzieć i zdecydować, co nasi słuchacze powinni usłyszeć. Postępując w ten sposób, praktykujemy *głoszenie nietrzeźwe*. Po trzecie, ślepe oddanie się kontekstualizacji jest ściśle związane z osobistym czasem rozważania Słowa przez kaznodzieję. Szukamy czegoś „świeżego" i „uduchowionego". Następnie przekazujemy swoje własne świeże i uduchowione odczucia tak, jakby były przesłaniem od samego Boga. W rezultacie głoszenie ekspozycyjne zostaje zastąpione *głoszeniem „natchnionym"*.

Pytamy więc: czy istnieje prosty sposób na wskazanie, kiedy nasza skłonność do kontekstualizacji prowadzi do błędu? Myślę, że istnieje.

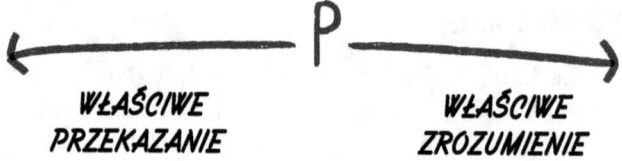

WŁAŚCIWE PRZEKAZANIE   **WŁAŚCIWE ZROZUMIENIE**

Prawa strona przedstawia odpowiedzialność kaznodziei wobec treści Bożego Słowa: to *właściwe zrozumienie*. Jest to istotna część naszej pracy. Wszyscy pragniemy być wierni. Biblia daje nam słowa żywego Boga. Lewa strona wskazuje nam kolejną odpowiedzialność: *właściwe przekazanie*. To także istotne. Któż z nas nie chce być owocny? Każdego tygodnia kaznodzieja stoi pomiędzy tymi dwoma zadaniami. Wywierają one na nim presję, a każde z nich walczy o jego czas i uwagę. Bardzo często kaznodzieja obawia się, że nie może oddać się jednemu bez zaniedbania drugiego.

W rezultacie kaznodzieja zaczyna prowadzić rozmowy z samym sobą: „Jeśli w czasie przygotowania skupię się na *zrozumieniu*, obawiam się, że w rezultacie kazanie będzie zbyt intelektualne, zbyt wzniosłe i straci życiodajną siłę *przekazu*. Przecież nie mogę pozwolić, by uznano mnie za kaznodzieję Słowa, jeśli oznaczałoby to, że nie jestem kaznodzieją Ducha. Czyż moją odpowiedzialnością nie jest głosić do serc, a nie jedynie do umysłów? Moje kazania muszą się cechować wiarygodnością w zwykłych rzeczach. Mam dość kaznodziejów, którzy dążą jedynie do nawrócenia duchowego. To znaczy ortodoksja jest ważna, jednak bez stosowania w swojej pracy kontekstualizacji nigdy nie dojdę do ortopraksji. Wiem, że nauczam z tekstu, ale ostatecznie jestem tutaj po to, by wywrzeć realny wpływ na ludzi".

Ilekroć taka kontrowersja pojawia się w sercu lub umyśle osób powołanych do głoszenia – poczucie, że właściwe zrozumienie i właściwe przekazanie są nie do pogodzenia – możesz być pewien, że ślepe oddanie kontekstualizacji czai się w pobliżu, a głoszenie impresjonistyczne, nietrzeźwe i „natchnione" jest gotowe do przejęcia wiodącej roli.

Oczywiście wspomniane zadania – by właściwe przekazać i właściwie zrozumieć – nie są nie do pogodzenia. Charles Simeon i każdy dobry kaznodzieja ekspozycyjny, którego znam, znaleźli sposób na wypełnianie obu. Mam nadzieję, że trzy kolejne rozdziały pokażą ci podejście do przygotowywania kazań, które umożliwi ci dołączenie do grona tych osób – w wiernym i owocnym dziele biblijnej ekspozycji.

2

EGZEGEZA

Zakończyliśmy rozdział pierwszy stwierdzeniem, że możliwe jest zarówno właściwie zrozumienie tekstu, jak i jego właściwe przekazanie. Nie musimy wybierać między jednym a drugim. Możemy czynić obie te rzeczy, i to obie w sposób właściwy.

Ale jak? Jak przygotować przesłanie, które jest zarówno wierne tekstowi, jak i aktualne dziś? Jak to zrobić, jednocześnie wystrzegając się ślepego oddania kontekstualizacji?

Istnieje sposób, który dobrzy kaznodzieje ekspozycyjni wykorzystują. Kolejne trzy rozdziały ukazują trzyczęściowy proces – postawę działania – który ma następujący przebieg: (1) egzegeza, (2) refleksja teologiczna, (3) współczesne zastosowanie.

ZACHOWAJ WŁAŚCIWE PRIORYTETY

Każde głoszenie Słowa musi rozpocząć się od egzegezy. Ujmując to inaczej: kontekstualizacja, refleksja teologiczna i kwestie dotyczące spraw dzisiejszych mają być trzymane na dystans – powinniśmy być oddani procesowi przygotowawczemu, *zachowując właściwe priorytety*. Mam przez to na myśli, że wierny kaznodzieja rozpoczyna przygotowanie kazania od zwrócenia uwagi na pierwotnych odbiorców danego tekstu biblijnego i intencję tekstu wobec nich. Czyni to na trzy sposoby:

1. Pozwala, aby kontekst biblijny (a nie jego osobisty) określał znaczenie tekstu.

2. Wsłuchuje się uważnie, aż zrozumie, jak dany tekst wpasowuje się w całościowe przesłanie księgi.

3. Dostrzega strukturę i akcenty tekstu.

Czy zauważyłeś, że żaden z powyższych punktów nie ma nic wspólnego z kontekstualizacją? Kontekstualizacja jest ważna, co zobaczymy w rozdziale 4, ale dobrzy biblijni kaznodzieje ekspozycyjni uczą się odkładać ten krok na później.

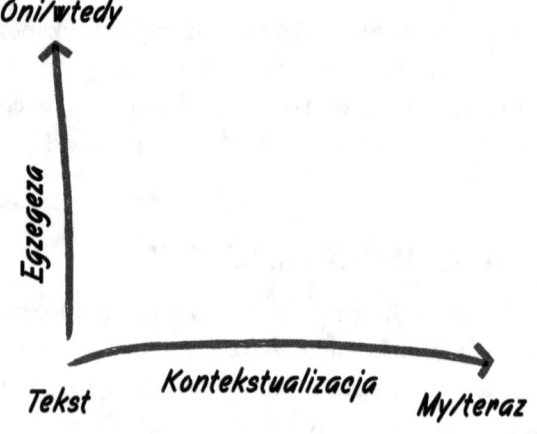

Kontekstualizacja jest dobrą partnerką do tańca, ale to nie ona powinna prowadzić. Umieść ją przed krokami egzegetycznymi w swoim porządku przygotowań do kazania, a szybko pojawią się problemy. Kłopot w tym, że zbyt często odpychamy egzegezę w czasie przygotowań, a ubieramy przesłanie w krótką czerwoną spódniczkę kontekstualizacji, skupiając się na kulturze i naszej zdolności odniesienia się do niej. To tak, jakbyśmy w ekscytacji chcieli obracać ją w kółko z dala od siebie, aby móc popisać się jej długimi nogami i szpilkami.

Dlatego dla wielu z nas największym wyzwaniem będzie przeorganizowanie priorytetów. Pierwszym krokiem w stronę głoszenia ekspozycyjnego jest traktowanie kontekstualizacji jak partnerki, którą trzymasz blisko. To ty ją prowadzisz w tańcu ekspozycji. W przeciwnym wypadku to się nie uda. Wciąż pamiętam, gdzie siedziałem w dniu, w którym owo przeorganizowanie sposobu myślenia nabrało dla mnie sensu.

DZIEŃ, W KTÓRYM Z OCZU SPADŁY ŁUSKI

Miałem dwadzieścia dziewięć lat, gdy Steve Bickley, pastor i przyjaciel, przedstawił mnie Dickowi Lucasowi. Obecnie Lucas jest emerytowanym proboszczem kościoła Św. Heleny w Bishopsgate w Londynie. Bickley zaplanował, aby Lucas spędził dzień z tymi z nas, którzy są w kadrze duszpasterskiej kościoła College Church pod przewodnictwem Kenta Hughesa. To właśnie w tym dniu spadły mi z oczu łuski – właściwie spadły nam wszystkim.

Bóg natychmiast posłużył się Lucasem, aby zakwestionować nasze konwencjonalne podejście do przygotowywania kazań. W ciągu dwóch prędko mijających godzin przeniósł nas do świata bardzo znanego fragmentu: 13 rozdziału 1 Listu do Koryntian. Gdy zakończył musztrowanie nas, nasze przygotowywanie się do głoszenia nabrało nowego kierunku. Postawił nam nogi na lepszej ścieżce, takiej, która prowadzi mnie po dziś dzień.

Najpierw Lucas zachęcił nas, byśmy *zachowali właściwe priorytety*. Było to trudniejsze, niż mogłoby się wydawać. Zazwyczaj 13 rozdział 1 Listu do Koryntian traktuje się jako hymn o miłości. Mój jedyny kontakt z tym fragmentem miał miejsce przy ślubach. Podczas takich okazji nastawienie kaznodziei do tego tekstu – zgodnie z zasadą kontekstualizacji – jest kierowane owym radosnym wydarzeniem, które ma mieć miejsce. W dniu ślubu rządzą tematy zachęty i świętowania, a homilie, które słyszałem w oparciu o ten fragment, były w podobny sposób nacechowane tym sentymentalizmem. Ujmując to inaczej, tłum odbiorców, wobec których kaznodzieja ma głosić, staje się w danej chwili najważniejszy. Kogo obchodzą pierwotni adresaci tekstu?

Po drugie, Lucas przeprowadził nas do etapu obserwacji. Poprosił, byśmy na razie wstrzymali się z wysuwaniem wniosków dotyczących znaczenia tego fragmentu czy też tego, jakie może on mieć zastosowanie na dziś, a zamiast tego byśmy rozważyli ten rozdział w jego *bezpośrednim kontekście literackim*. Kiedy tak zrobiliśmy, dostrzegliśmy, że tekst jest umiejscowiony pomiędzy dwoma rozdziałami, w których omawiane są dary duchowe, a w szczególności związek pomiędzy darami a duchową dojrzałością (12:1.4.9.28.30.31, 14:1.37).

Po trzecie, Lucas poprosił, byśmy odszukali wyrażenia dotyczące darów i dojrzałości duchowej, jakich autor używa wcześniej w swoim Liście. Chciał, abyśmy *wsłuchali się uważnie*, aż zobaczymy, jak ten tekst umiejscawia się w ogólnym przesłaniu całego Listu. To doprowadziło nas do fragmentu 1:4–7, w którym Paweł nazywa Koryntian grupą obdarowaną. Faktycznie – nie brakowało im żadnego daru. Ale w wersecie 3:1 apostoł surowo rozprawia się z tym hojnie obdarowanym zgromadzeniem z powodu jego duchowej niedojrzałości. Nazywa nawet adresatów duchowymi niemowlętami (w. 1–2).

Zaczęło do nas docierać, że niektórzy w Koryncie źle rozumieli związek pomiędzy darami a dojrzałością. Myśleli, że poszczególne dary (w tym wypadku języki) dają im przewagę w duchowej dojrzałości. Nasze umysły zaczęły pracować na pełnych obrotach. Co Paweł faktycznie chciał powiedzieć o miłości w rozdziale 13? Czy chodziło mu o to, aby skarcić zbór za brak miłości? Czy głównym zamiarem Ducha w hymnie o miłości była korekta, a nie zachęta (w przebraniu sentymentalności)?

Po czwarte, Lucas pokazał nam, jak kontekst całej księgi jest związany ze słownictwem w rozdziale 13. Pomyśl o miłości z 13 rozdziału 1 Listu do Koryntian, która *nie nadyma się*. Czy taki język występuje wcześniej w tym Liście? Oczywiście! I nie jest on użyty przez Pawła jako komplement: *A wyście wzbili się w pychę* (5:2).

Następnie Lucas zatrzymał się i pozwolił nam na wchłonięcie tego wszystkiego. Zdaliśmy sobie sprawę, że ów rozdział spadł na koryncki zbór niczym torpeda. Paweł mówił o miłości właśnie dlatego, że to była jedyna rzecz, jakiej Koryntianom brakowało! Może byli obdarowaną społecznością. Jednak wciąż pozostawali niemowlętami. Paweł chciał, aby dorośli, aby byli jak on, człowiek cechujący się miłością, która dla niego oznaczała dojrzałość.

Dotarliśmy do Koryntu – wraz z pierwotnymi odbiorcami – i paradoksalnie okazało się, że staliśmy się lepiej przygotowani, by wygłosić przesłanie adekwatne dla ludzi w Chicago.

Właśnie wtedy spadły mi z oczu łuski. Dostrzegłem elementy niezbędne dla każdego kaznodziei przeprowadzającego egzegezę. Bóg użył tego dnia w potężny sposób, zmieniając nasze nastawienie do przygotowywania kazań. Wszyscy wyszliśmy z tego doświadczenia przemienieni. Zyskaliśmy nowy apetyt na Słowo Boże, a także poczyniliśmy nowe zobowiązanie, by stać się kaznodziejami ekspozycyjnymi świętego tekstu.

Gdy zaczynasz rozpatrywać kwestię pierwotnych odbiorców, zmienia się twoje postrzeganie. Pozwól, że zilustruję to na przykładzie teleskopu. Teleskopy pozwalają nam patrzeć daleko w niebo. Rozsławił je Galileusz, który właśnie przez teleskop oglądał kratery na Księżycu, jak również miliony, a nawet miliardy gwiazd zawieszonych w galaktyce Drogi Mlecznej. Idea tego wynalazku jest prosta. Weź dwie soczewki, jedną większą od drugiej, i połącz je przesuwnym cylindrem. Większa soczewka jest wypukła i ma zdolność powiększania obrazu. Mniejsza to po prostu okular, który umożliwia obserwatorowi bliższe przyjrzenie się oddalonym obiektom. Trzymając teleskop w odpowiedni sposób, odkryjesz niesamowite rzeczy. Ale gdy użyjesz go niewłaściwie, nagle obserwowany obiekt stanie się zniekształcony, mały i nieostry. Jego piękno i kształt zostaną utracone.

Tę samą zasadę można zastosować do procesu przygotowywania kazania. Jeśli chcesz być dobrym biblijnym kaznodzieją ekspozycyjnym, musisz wyćwiczyć się w skupianiu na pierwotnych odbiorcach. To pomoże ci nie dopuścić do zniekształcenia tekstu, a także dostrzec to, co Duch Święty zamierzył przekazać twojemu zgromadzeniu.

Kryje się w tym o wiele więcej, niż mogłoby się wydawać. Wiem, że nie jestem w stanie sam wykonać pracy egzegetycznej. Dlatego za każdym razem, gdy siadam do studiowania Biblii, poprzedzam to modlitwą. Bo choć istnieje wiele zwyczajnych pomocy do studiowania, ja potrzebuję nadzwyczajnej pomocy Ducha w tym procesie. I choć na kolejnych stronach podzielę się kilkoma praktycznymi poradami, które możesz wykorzystać podczas studiowania, musisz zrozumieć, że w kwestii zrozumienia danego tekstu jesteś zdany na miłosierdzie Ducha Świętego.

1. ODDAJ KONTROLĘ KONTEKSTOWI BIBLIJNEMU

Przejdźmy do praktyki. Dla mnie okazało się pomocne rozważanie kontekstu w dwóch aspektach: *kontekstu literackiego* i *kontekstu historycznego*. Są to dwie powiązane i nakładające się koncepcje, ale warto zrozumieć różnicę między nimi. *Kontekst historyczny* dotyczy okoliczności lub sytuacji, które były pobudką do napisania tekstu. Być może jego poznanie będzie wymagało zrozumienia starożytnej kultury. Być może będziesz musiał poszerzyć swą wiedzę z historii biblijnej. Albo przestudiować całą księgę, by móc poskładać w całość okoliczności, w jakich znajdowali się pierwotni odbiorcy.

Kontekst literacki natomiast jest po prostu tekstem sąsiadującym z fragmentem, który badasz. Obejmuje strategię i styl danego autora, wskazuje, dlaczego dana księga została zorganizowana w taki, a nie inny sposób. Wersety lub rozdziały, które występują przed danym tekstem i po nim, pozwalają dostrzec płynność, a przez to zrozumieć znaczenie wybranego fragmentu[1].

Oto przykład tego, jak znaczenie tekstu powinno być kontrolowane przez jego własny kontekst, a nie nasz. W 2 Liście do Koryntian 6:14–15 czytamy:

> *Nie chodźcie w obcym jarzmie z niewiernymi; bo co ma wspólnego sprawiedliwość z nieprawością albo jakaż społeczność między światłością a ciemnością? Albo jaka zgoda między Chrystusem a Belialem, albo co za dział ma wierzący z niewierzącym?*

Kiedyś byłbym gotów wygłosić na podstawie tego fragmentu kazanie, które miałoby na celu pomóc moim słuchaczom przemyśleć kwestie dotyczące wyboru małżonka czy też partnerów biznesowych. To przecież ten właśnie werset jest bodźcem do tworzenia takich rzeczy jak chrześcijańskie „panoramy firm".

Problem w tym, że gdy zagłębimy się bardziej w kontekst historyczny, dostrzeżemy, że autor nie mówi bezpośrednio do nas. Paweł wypowiadał się przeciwko korynckiemu związkowi z popularnymi i pysznymi nauczycielami, którzy wykonywali swoją służbę tak, aby za wszelką cenę unikać prześladowania. Ci „superapostołowie" oddalili ludzi od ewangelii i od Pawła. A Paweł chciał ich pozyskać z powrotem! Chciał, by byli w jarzmie z nim. Zatem, mówiąc historycznie, nasze podejście do tego tekstu powinno być dyktowane troską Pawła o nasze niewiązanie się z fałszywymi nauczycielami. Tekst ten wcale nie mówi w pierwszym rzędzie o tym, kogo poślubić czy z kim prowadzić biznes.

Kontekst literacki powyższych wersetów tylko to potwierdza. W wersetach poprzedzających Paweł mówi Koryntianom, że jego serce jest dla nich otwarte nawet wtedy, gdy ich serca są zamknięte. Prosi ich: *Rozszerzcie i wy serca wasze!* (6:13). Jest to wezwanie do przylgnięcia do niego. I powraca do tej prośby w wersetach następujących po naszym fragmencie: *Zróbcie miejsce dla nas w sercach waszych* (7:2).

Poznanie kontekstu historycznego i literackiego może całkowicie zmienić twoje postrzeganie danego tekstu.

Wierni biblijni kaznodzieje ekspozycyjni pozwalają, aby każdy z tych kontekstów kontrolował znaczenie omawianego fragmentu. Dlatego też zawsze powinieneś najpierw przeczytać wersety i rozdziały poprzedzające tekst i następujące po nim. Zacznij stawiać sobie pytania: Dlaczego ten fragment znajduje się w tym miejscu? Jak wpisuje się on w szerszy zakres tekstu? Jakiej sytuacji stawiają czoła pierwotni odbiorcy lub – w zależności od gatunku literackiego – pierwotni czytelnicy?

2. WSŁUCHAJ SIĘ W LINIĘ MELODYCZNĄ

Na początku tego rozdziału wspomniałem, że istnieją trzy praktyczne sposoby na zachowanie właściwych priorytetów. Po przyjrzeniu się pierwszemu z nich (oddanie kontroli kontekstowi biblijnemu) spójrzmy teraz na drugi: uważne wsłuchiwanie się w tekst, dopóki nie będziemy wiedzieli, jak wpisuje się on w całościowe przesłanie księgi.

Najlepsi kaznodzieje to zazwyczaj najlepsi słuchacze. Rozpoczynają swoje przygotowanie od nastawienia uszu na słuchanie. Jeśli taka jest nasza rola, lepiej, żebyśmy nauczyli się przeprowadzać egzegezę, używając zarówno uszu, jak i umysłu! Każdy dobry kaznodzieja ekspozycyjny, którego znam, wsłuchuje się przy tym w szczegóły, które Bóg przekazuje w danej księdze. Przed wieloma laty Dick Lucas przedstawił tę zasadę w następujący sposób:

Linia melodyczna jest krótką sekwencją nut, które nadają charakter fragmentowi utworu. Może stanowić część głównej melodii, powtarzać się i podlegać przeobrażeniom. Tak samo jest z księgami biblijnymi. Każda z nich ma swoją linię melodyczną, esencję, która komunikuje przesłanie danej księgi. W konsekwencji każdy fragment księgi w pewien sposób służy owej linii melodycznej. Jeśli więc chodzi o głoszenie Słowa, możemy zadać pytania: Co jest esencją wybranej przeze mnie księgi? Jak konkretny fragment podkreśla tę esencję, a jak z niej wynika?

Korzyść dla kaznodziejów jest następująca: jeśli wiemy, o czym jest cała księga, jesteśmy w stanie lepiej zająć się każdym z jej fragmentów. Ponadto, co istotne, jeśli odpowiednio wykorzystamy linię melodyczną w swoim kazaniu, zgromadzenie będzie stopniowo poznawało całą księgę, choć może nie pamiętać poszczególnych kazań.

W jaki sposób zatem możemy odkryć linię melodyczną księgi?

Pozwól, że opowiem, jak to robiłem w szkole średniej. Od czasu do czasu musiałem przeczytać jakąś grubą książkę czy powieść. W końcu nadszedł czas sprawdzianu. Ponieważ biblioteka szkolna nie była zaopatrzona w gotowe opracowania, szybko znalazłem sposób na wydobycie głównej myśli danej lektury. Najpierw we wstępie odszukiwałem akapit, który stawiał pewnego rodzaju tezę lub wyrażał cel. Następnie czytałem pierwszy i ostatni rozdział. W końcu przechodziłem do spisu treści i na podstawie tego, co przeczytałem, próbowałem połączyć ciąg myślowy pomiędzy tytułami rozdziałów.

Stosowałem intuicyjnie różne strategie w celu odnalezienia sedna danej książki: czytanie *od deski do deski*, czytanie i ponowne przeczytanie *początku i końca*, odszukiwanie ważnych *powtarzających się słów, pojęć, fraz* i polowanie na *zdania wyrażające cel*.

Te same narzędzia mogą być pomocne w znalezieniu linii melodycznej księgi biblijnej. Kilka lat temu odkryłem korzyść płynącą ze stosowania tej metody w przygotowywaniu kazań. Zamierzałem nauczać z krótkiego Listu Judy. Skończyło się na wygłoszeniu ośmiu kazań z tego Listu, z których każda minuta przyniosła mi radość. Jednak odnalezienie linii melodycznej wymagało wiele wysiłku.

Od deski do deski

Na długo przed rozpoczęciem serii kazań z Listu Judy uwzględniłem tę księgę w swoim osobistym planie czytania, zapoznając się z nim od początku do końca – rzecz to nietrudna w przypadku księgi zawierającej dwadzieścia pięć wersetów! Polecałbym czynić tak z każdą księgą, z której zamierzasz nauczać. Ponadto zawsze dobrze jest przeczytać całość jednym tchem. Wówczas oswajamy się z księgą. Poznawanie księgi na jej zasadach oraz uważne wsłuchiwanie się w nią bardzo ci się odpłacą, gdy przyjdzie ci z niej głosić.

Czytanie początku i końca

Kompozytor często zaczyna i kończy utwór muzyczny linią melodyczną, nawet jeśli była ona rozwijana przez cały utwór. Tak samo rzecz się ma z księgami Biblii. Gdy już wiedziałem, że będę przerabiał List Judy, wielokrotnie przeczytałem jego początek i koniec. Wtedy zaczęło wyłaniać się to pojedyncze brzmienie: *być zachowanym*. W wersecie 1 Juda mówi, że pisze do ludzi *dla Jezusa Chrystusa zachowanych*. Natomiast w wersecie 24 odnosi się do tego, *który was może zachować od upadku* (BG). W tym momencie czułem się gotowy, by postawić wstępną tezę dotyczącą tego, o czym jest List Judy – *o naszym byciu zachowanym przez Boga dla Chrystusa*.

Powtarzające się słowa, pojęcia i frazy

Na tym etapie procesu egzegetycznego byłem gotowy, by sprawdzić swoje wstępne założenie poprzez dostrojenie uszu do zawartości Listu. Czy koncepcja *bycia zachowanym przez Boga dla Chrystusa* odgrywa główną rolę w całej strukturze księgi? Okazało się, że tak. To samo słowo, użyte w wersecie 1 i oznaczające *bycie zachowanym* (którego synonim występuje w wersecie 24), jest powtórzone jeszcze cztery razy: dwukrotnie w wersecie 6 (za drugim razem przetłumaczone jako „trzymać" w przekładzie Biblii Warszawskiej), raz w wersecie 13 i ponownie, w trybie nakazu, w wersecie 21. I choć to odkrycie było bardzo ekscytujące, to powtarzające się występowanie tego słowa podważyło moją wstępną linię melodyczną! Tym, którzy na początku i na końcu Listu Judy są określeni jako zachowani dla Jezusa, autor wskazuje w korpusie Listu, aby zachowali siebie samych w miłości Bożej. A to ma stanowić kontrast z upadłymi aniołami i fałszywymi nauczycielami, którzy siebie samych nie zachowali, a zatem są zachowani na dzień sądu. Gdyby w tamtym momencie zapytano mnie, o czym traktuje List Judy, odpowiedziałbym: *ci, którzy są zachowani przez Boga dla Jezusa, są jednocześnie odpowiedzialni za zachowanie siebie w miłości Bożej.*

Wyrażenie celu

W końcu ponownie przeczytałem List w nadziei na odnalezienie stwierdzenia celu[2]. Nie zajęło mi to długo. Moją uwagę przykuł werset 3: *Umiłowani! Zabierając się z całą gorliwością do pisania do was o naszym wspólnym zbawieniu, uznałem za konieczne napisać do was i napomnieć was, abyście podjęli walkę o wiarę, która raz na zawsze została przekazana świętym.* To stwierdzenie pozwoliło mi usłyszeć barwę tonów melodii Judy. Jakakolwiek byłaby tu linia melodyczna, musiała ona zawierać poczucie pilności. Na szali znajdowało się nic innego jak zdrowie i świętość Kościoła!

List Judy jest daleki od suchej teologicznej ody, która zgłębia tematy *bycia zachowanym* i *zachowania siebie* w zakresie relacji między Bożą suwerennością a odpowiedzialnością człowieka. Nie. Ta krótka i wymowna księga jest pełnym pasji zapisem nutowym. Zatem moja linia melodyczna potrzebowała szlifu po raz trzeci: *ze względu na niebezpieczeństwo sytuacji – zdrowie i świętość Kościoła wymagają, aby ci, którzy są zachowani przez Boga dla Chrystusa, walczyli o wiarę poprzez zachowywanie siebie w miłości Bożej.*

Teraz już słyszałem linię melodyczną. Nauczyłem się także dwóch ważnych lekcji w czasie tego etapu przygotowywania. Po pierwsze, będę w stanie lepiej głosić słowo na podstawie każdego z fragmentów, skoro już wiem, jak odnoszą się one do całości przesłania Listu. Po drugie zaś, każda zastosowana przeze mnie strategia wsłuchiwania się na tym etapie procesu egzegetycznego odgrywa istotną rolę w kształtowaniu mojego całościowego rozumienia. Pojedyncze narzędzie do odkrywania linii melodycznej danej księgi po prostu nie wystarczy.

3. DOSTRZEŻ STRUKTURĘ I AKCENT

Poza oddaniem kontroli biblijnemu kontekstowi i wsłuchiwaniem się w linię melodyczną biblijni kaznodzieje ekspozycyjni dokonują jeszcze jednej rzeczy na etapie egzegezy podczas przygotowań do kazania. Starają się uchwycić szkielet tekstu, z którego nauczają. Pytają: W jaki sposób autor uporządkował tekst? Jak ta organizacja tekstu uwydatnia akcent położony przez autora?

W książce *How to read a book* (Jak czytać książki) Mortimer Adler zauważa:

> Każda książka ma między okładkami szkielet. Twoim zadaniem jako analitycznego czytelnika jest jego odnalezienie. Książka dostaje się w twoje ręce w formie ciała pokrywającego kości i ubioru na tym ciele. Cała jest odziana [...]. Czytać trzeba oczami rentgenowskimi – jest to kluczowy warunek zrozumienia jakiejkolwiek książki, której strukturę chcemy pojąć[3].

Jeśli Adler ma rację, nie można uchwycić przesłania tekstu, dopóki nie dostrzeże się struktury jego szkieletu. Innymi słowy, właściwa biblijna ekspozycja wymaga, abyś dostrzegł kości i szpik danego tekstu biblijnego.

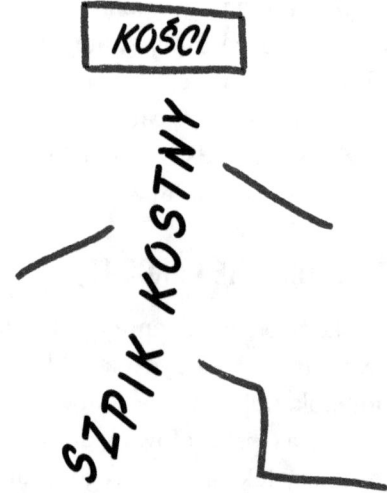

Jeśli chodzi o głoszenie, możemy powiedzieć nawet więcej:

> Każdy tekst ma strukturę.
> Struktura ta uwydatnia położony akcent.
> Moje kazanie powinno być we właściwy sposób zależne od kształtu i akcentu danego tekstu.

Ten aspekt egzegezy każe nam wrócić do definicji głoszenia ekspozycyjnego, którą podałem we wstępie. Jest to głoszenie kontrolowane, które we właściwy sposób poddaje kształt i przesłanie kazania kształtowi i przesłaniu tekstu biblijnego.

Dla większości z nas stanowi to problem. Stajemy za kazalnicą bez zrozumienia budowy szkieletu danego tekstu. Wskutek tego nasz przekaz co do znaczenia tekstu nie jest jasny i kiedy kazanie się kończy, zgromadzenie wie tyle, ile wiedziało już wcześniej. Jak w takim razie dostrzec strukturę tekstu?

Stosuj strategie czytania, które zawsze się sprawdzają

Próbując znaleźć strukturę tekstu biblijnego, najlepiej zacząć od prostych strategii, które są przydatne bez względu na miejsce w Biblii.

Najpierw pracuj na tekstem, opierając się na przekładzie, który tłumaczy go słowo w słowo (oczywiście bardzo pomocna byłaby praca nad tekstem w języku oryginalnym). Tłumaczenie dosłowne na ogół wierniej uwydatnia poszczególne słowa niż przekład myśl w myśl, co z kolei sprawia, że szkielet staje się bardziej widoczny. Miej jednak na uwadze, że żaden pojedynczy przekład sam w sobie nie jest w stanie spełnić tego zadania. Dlatego dobrze jest korzystać z kilku różnych przekładów. Nie zrozum mnie teraz źle. Mówimy tutaj o przygotowywaniu kazania w osobistym czasie poświęconym na poszukiwanie struktury. Podczas samego głoszenia z wielu powodów lepiej ograniczyć korzystanie z przekładów dosłownych.

Po drugie, pomagam sobie czasem, dokonując własnego przekładu tekstu. Ten proces spowalnia pracę, ale zaczynam dostrzegać, do czego autor zmierza i jak każda z poszczególnych części ma się do całości.

Po trzecie, przeczytaj tekst, potem ponownie go przeczytaj, a następnie przeczytaj go na głos. Im więcej czasu spędzisz z tekstem, tym lepiej dostrzeżesz jego strukturę.

Po czwarte, podczas czytania wyszukuj powtarzające się wyrazy, frazy i myśli. Jeśli celem jest rozpoznanie struktury i akcentu, często stosowane wyrażenia zazwyczaj będą stanowić istotne wskazówki w ich poszukiwaniu.

Rozpoznaj gatunek literacki

Podczas gdy niektóre strategie dobrze sprawdzają się w odniesieniu do całej Biblii, prawdą jest, że nie każda literatura funkcjonuje tak samo. Biorąc do ręki gazetę, nie czytasz jej przy użyciu tych samych narzędzi, jakie zastosowałbyś przy czytaniu poezji. Nie czytałbyś powieści w ten sam sposób, w jaki odczytujesz przepis kulinarny. I podobnie nie powinieneś jednakowo czytać każdej księgi w Biblii.

Biblia składa się z różnych rodzajów literatury: są tu narracje starotestamentowe, literatura prorocza, apokaliptyczna, mądrościowa oraz poezja, listy, Ewangelie i Dzieje Apostolskie. Można wśród nich wyróżnić trzy podstawowe typy tekstu: *rozprawa*, *narracja* i *poezja*. Ogólna zasada jest taka, że nie odkryjesz struktury psalmu (poezji), stosując te same strategie badawcze, których użyłbyś w przypadku Ewangelii (stanowiących głównie narrację i rozprawę). Poznanie mechanizmów funkcjonowania różnych rodzajów tekstów pomoże ci zastosować odpowiednie narzędzia do ich rozpracowania.

Ogólnie rzecz biorąc, *rozprawa* jest przekazem mówionym. Jest logiczna i ciągła. Najczęściej spotyka się ją w Listach. Widzimy ją także w księgach historycznych Starego Testamentu, przemowach z ksiąg proroczych oraz apokaliptycznych, a także w kazaniach w Ewangeliach i Dziejach Apostolskich. W celu znalezienia struktury rozprawy warto przepisać dany tekst na osobną kartkę bez podziału na akapity i bez numeracji wersetów, wprowadzonej przez redaktorów współczesnych wydań Biblii. To właśnie nazywam wydobywaniem tekstu z Biblii. Wszystkie najważniejsze kwestie, których szukamy, odnoszą się do gramatyki. Odszukuj powtarzające się frazy, słowa, słowa kluczowe, słowa łączące, ciągi myślowe, związki gramatyczne, mowę zależną i niezależną. Sprawdź też, czy tekst jest pisany w pierwszej, drugiej czy trzeciej osobie, czy zawiera pytania czy też formę oznajmującą lub rozkazującą. Obserwuj gramatyczne cechy danego fragmentu. Możemy to wszystko nazwać tworzeniem schematu zdań. Prawidłowo korzystając z tych narzędzi, zazwyczaj odnajdziesz kształt i akcent danego fragmentu.

Narracja jest opowieścią, a opowieści z założenia mają wyraźną strukturę. O ile skupianie się na gramatyce może być pożyteczne w przypadku listu, o tyle analizując *sceny*, *fabułę* i *postacie*, kaznodzieja może dostrzec strukturę i akcent narracji. Zidentyfikowanie poszczególnych scen – np. zmiany miejsca akcji w danym tekście – prawdopodobnie będzie najlepszym punktem wyjścia. Jeśli wybierzesz dłuższą narrację jako podstawę kazania, zmiany miejsca akcji ukażą ci organizację tekstu. W ramach tych miejsc akcji musisz szukasz fabuły. Fabuła przeważnie składa się z pięciu części:

- *Okoliczności*. Okoliczności zwykle obejmują miejsce, czas, porę roku i przedstawienie postaci.

- *Konflikt.* Jest to element opowieści, który buduje dramatyczne napięcie i poczucie konieczności rozwiązania. Może być bardzo wyraźny (jak nagłe zagrożenie) lub całkiem subtelny (jak emocjonalny niepokój).
- *Punkt kulminacyjny.* Punkt zwrotny akcji, w którym następuje przełom w dramatycznym napięciu.
- *Rozwiązanie.* To rozstrzygnięcie punktu kulminacyjnego, rozwiązanie konfliktu.
- *Nowe okoliczności.* Ustalenie nowego rodzaju normalności, z której wyłoni się kolejny wątek fabularny.

Próbując zdefiniować powyższe elementy fabuły, należy zadać sobie istotne pytania: Jaki występuje tu konflikt? Co wprowadza dramatyczne napięcie? Jaki jest punkt zwrotny akcji? Jak następuje rozwiązanie napięcia? Moim zdaniem główny akcent tekstu można odnaleźć w połączeniu *punktu kulminacyjnego* oraz aspektów *konfliktu* i *rozwiązania*.

Oczywiście ważne jest także zrozumienie tego, jak autor ukazuje konkretnych bohaterów – postacie opowieści. Zaobserwuj, które osoby są przedstawiane i w jakich momentach. Sprawdź, jak się zmieniają. Zwróć uwagę, jak autor przechodzi pomiędzy opisami bohaterów. Jeśli zyskasz dobre rozeznanie w fabule i postaciach, dostrzeżesz kształt i akcent danej narracji.

Trzecim rodzajem tekstu jest *poezja*. Większość poezji w Biblii stanowi literatura mądrościowa i literatura profetyczna Starego Testamentu. W celu znalezienia struktury najlepiej wziąć pod uwagę powtórzenia pojedynczych słów czy nawet całych strof (np. Psalmy 42 i 43 są ułożone wokół strofy, która brzmi: *Czemu rozpaczasz, duszo moja?*).

Musisz także wziąć pod uwagę zmiany w obrazowaniu i zabiegach gramatycznych (takie jak zmiany osoby czy perspektywy). Ale chyba jedną z najbardziej użytecznych strategii w poszukiwaniu struktury i akcentu w poezji jest rozpoznanie *paralelizmów* w tekście, a szczególnie zmian pomiędzy rodzajami paralelizmów. *Paralelizm* jest technicznym terminem używanym do opisu cechy poezji hebrajskiej, w której kolejne wersy często pojawiają się w parach (a niekiedy w trójwierszu), związanych lub korespondujących ze sobą w szczególny sposób. Bywa tak, że drugi wers powtarza ogólną myśl pierwszego, czasem lekko ją rozwijając. Drugi wers może zaprzeczać pierwszemu, negować go lub z nim kontrastować. Może także być dopełnieniem myśli z pierwszego wersu. Tego typu powiązania pomiędzy pierwszym i drugim wersem pary wskazują na zastosowanie różnych rodzajów paralelizmu. Dostrzeżenie zmian w stosowanych paralelizmach ułatwi ci znalezienie kształtu i akcentu danego fragmentu.

NIEBEZPIECZEŃSTWO MYŚLENIA, ŻE TO KONIEC PRACY

Sprawne wykorzystanie zarówno strategii ogólnych, jak i tych związanych z rodzajem literackim będzie stanowić doskonały początek w poszukaniu struktury i akcentu danego tekstu. Ale równie ważnym aspektem egzegezy jest znalezienie kontekstu i przesłania danej księgi. Pamiętaj, że należy:

1. Oddać kontekstowi biblijnemu (a nie swojemu) kontrolę nad znaczeniem tekstu.

2. Słuchać uważnie, dopóki się nie dowiesz, jak dany tekst wpisuje się w całościowe przesłanie księgi.

3. Dostrzec strukturę i akcent tekstu.

Wiesz już dużo; sądzę jednak, że wciąż jeszcze nie jesteś gotowy do głoszenia.

Egzegeza to nie wszystko. W odizolowaniu może ona bowiem prowadzić do głoszenia, które jest albo zbyt *intelektualne*, albo czysto *rozkazujące*.

Głoszenie intelektualne ma miejsce, gdy ostatecznym obiektem twojej troski są pierwotni odbiorcy danego tekstu. Dzieje się tak, gdy podejmujesz się głoszenia niezwykle aktualnego tekstu i przedstawiasz go jako nieadekwatny, tworząc kazanie, które brzmi raczej jak komentarz akademicki. Owszem, wykonujesz pracę egzegetyczną, ale na tym poprzestajesz. Kazanie jest nudne i bezowocne, choć dobrze opatrzone odniesieniami.

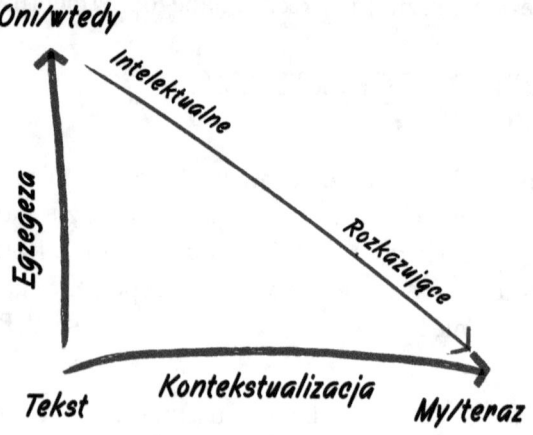

Spotykam się z tego typu nauczaniem szczególnie pośród młodych kaznodziejów, którzy błędnie myślą, że kazanie jest – jak to określa mój przyjaciel Mike Bullmore – kontenerem do przechowania całej wiedzy zdobytej w ciągu tygodnia podczas studiowania danego fragmentu. Tymaczasem tak nie jest. Unikaj głoszenia nazbyt intelektualnych kazań.

Inną pułapką odosobnionej egzegezy jest to, że stajemy się kaznodziejami *wyłącznie nakazującymi*. Biblia jest pełna nakazów i są one istotne. Lecz nakazy bez odpowiedniego biblijnego i teologicznego kontekstu mogą bardzo łatwo zostać źle zastosowane. Chyba najbardziej niebezpieczna wersja takiego głoszenia ma miejsce wtedy, gdy zaniedbujemy krok refleksji teologicznej (któremu przyjrzymy się bliżej w następnym rozdziale). Jeśli nie uwzględniamy ewangelii jako kontekstu całej Biblii, to nawet nakazy wydobyte z poprawnej egzegezy przerodzą się w czyste moralizatorstwo. To z kolei sprzyja legalistycznej kulturze w naszych kościołach.

Z tych powodów refleksja teologiczna jest godna naszej uwagi. Przejdźmy więc do kolejnego kroku w przygotowywaniu kazania.

3
REFLEKSJA TEOLOGICZNA

Jak zobaczyliśmy w poprzednim rozdziale, głoszenie ekspozycyjne, które zatrzymuje się na etapie egzegezy, staje się czysto intelektualne lub nazbyt nakazujące. Jest akademickie lub moralizatorskie. W związku z tym konieczny jest kolejny etap w przygotowaniu kazania: refleksja teologiczna. Bez niej nie będziesz jeszcze gotowy, by głosić.

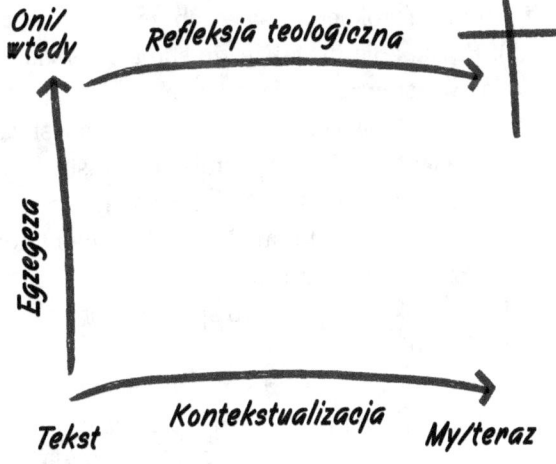

Czym jest refleksja teologiczna? Prosto rzecz ujmując, to staranna i nasycona modlitwą dyscyplina poświęcania czasu na rozmyślanie nad danym tekstem oraz nad jego odniesieniem do Bożego planu odkupienia. To zadawanie pytania, jak dany fragment ma się do całości Biblii, a szczególnie do Bożego dzieła zbawienia w Jezusie.

CZYTANIE BIBLII NA WZÓR JEZUSA

Po zmartwychwstaniu Jezus anonimowo dołącza do niektórych swych uczniów w kilkunastokilometrowej pieszej podróży do miasteczka Emaus. Podczas tej wędrówki pokazuje im, jak Mojżesz i Prorocy – Pisma jako całość – mówią właśnie o Nim (Łk 24:25–27). Późnym wieczorem tego samego dnia rozmawia z pozostałymi spośród Jedenastu i czyni to samo; otwiera ich umysły na zrozumienie Pism, aby dostrzegli, że to, co zostało napisane o Nim w Prawie Mojżeszowym, Prorokach i Psalmach, musi się wypełnić (w. 44–45). Przekazuje im także, że staną się świadkami, którzy będą zwiastować tę wieść całemu światu, poczynając od Jerozolimy. Relacja z tego zwiastowania jest zapisana w Ewangeliach, Dziejach Apostolskich i Listach.

W tym, co powiedział Jezus, widoczna jest pewna zasada. Cały Stary Testament i cały Nowy Testament dotyczą Jego osoby i konkretnych spraw związanych z Jego osobą. Wersety 46–47 wskazują, jakie to sprawy: *Jest napisane, że Chrystus miał cierpieć i trzeciego dnia zmartwychwstać i że, począwszy od Jerozolimy, w imię jego ma być głoszone wszystkim narodom upamiętanie dla odpuszczenia grzechów* (por. „cierpienie" i „chwała" w Łk 24:26). Krótkie zdanie, jednak wiele głębi. Domniemana doktryna Królestwa zawarta w słowie „Mesjasz" oraz użycie wyrażenia „wszystkie narody" to odniesienia do niezwykle bogatych zagadnień. Co jednak najważniejsze – to proste zdanie stanowi serce ewangelii. Ewangelia, przynajmniej dla Jezusa, jest zawarta w każdym miejscu Biblii. To właśnie ona spaja Biblię jako całość i to ona powinna się znaleźć u podłoża naszego podejścia do Pisma.

CZYTANIE NA WZÓR PAWŁA

Zauważ, że zasada wskazywania na Chrystusa na podstawie Pism nie dotyczy jedynie Jezusa. Praktykował ją też Paweł. W Dziejach Apostolskich czytamy: *Paweł zaś, według zwyczaju swego, poszedł do nich i przez trzy sabaty rozprawiał z nimi na podstawie Pism, wywodząc i wykazując, że Chrystus musiał cierpieć i zmartwychwstać. Tym Chrystusem, mówił, jest Jezus, którego ja wam głoszę* (17:2–3). Apostoł używał podobnego języka w Atenach (17:17), w Koryncie (18:4) i w Efezie (18:19, 19:8).

Paweł stosuje tę zasadę świadomie i starannie. I w ten sposób uczy nas, jak należy czytać Biblię. Po pierwsze, podejście Pawła podczas głoszenia Chrystusa na podstawie Pism cechowała umiejętność wnioskowania, argumentowania oraz przekonywania. Każdy z tych terminów ma bogate tło w moralnej filozofii hellenistycznej i wyraża praktykę, która jest staranna i wnikliwa. Po drugie, Paweł posługiwał się tymi narzędziami w przeróżnych kontekstach – w synagogach i na rynkach miejskich, w obecności zarówno Żydów, jak i Greków. Nie było drogi na skróty przed taką czy inną publicznością. Po trzecie, zawsze znajdował sposób, by głosić tę samą ewangelię w środowiskach, w których nie mógł zakładać istnienia jakiekolwiek wiedzy biblijnej. Można bowiem głosić osobom, którym brakuje poznania biblijnego tła oraz słownictwa.

Paweł, podobnie jak Jezus, wierzył, że Pisma wskazują na śmierć i zmartwychwstanie Jezusa. Co więcej, wspomniane wyżej trzy aspekty służby Pawła świadczą o tym, że refleksja teologiczna jest zadaniem wymagającym ciężkiej pracy.

CZYTANIE NA WZÓR SPURGEONA

Warto też przyjrzeć się postaci, która jest nam mniej odległa historycznie, a której podejście do czytania Biblii stawia Jezusa w centrum. Wspaniały baptystyczny kaznodzieja, książę kaznodziejów – Charles Haddon Spurgeon – ujął tę kwestię następująco:

> Czy nie wiesz, młodzieńcze, że z każdego miasta i z każdej wioski i z każdej małej osady w Anglii, skądkolwiek miałoby to być, istnieje droga prowadząca do Londynu? Tak też z każdego tekstu Pisma Świętego prowadzi droga do Chrystusa. Mój drogi bracie, twoim zadaniem jest, gdy rozważasz jakiś fragment, zapytać, jaka wiedzie od niego droga do Chrystusa. Nigdy nie znalazłem fragmentu, z którego nie wychodziłaby droga do Chrystusa, a głoszenie pozbawione woni Chrystusa byłoby bezużyteczne[1].

Spurgeon stanowi dobry wzór. Zadaje pytanie, jak dany tekst wskazuje na ewangelię lub się do niej odnosi. I choć nie mogę się zgodzić z każdym przykładem tego, jak w swoich kazaniach przechodził z danego tekstu biblijnego do ewangelii, pytanie, które stawia, jest słuszne. A to, jak na nie odpowiemy, jest niezwykle istotne.

Umiejętność rozważania danego fragmentu w kategoriach odniesień do Jezusa i ewangelii wymaga praktycznego zrozumienia przynajmniej trzech odrębnych kluczowych dyscyplin. Bez nich nie da się dopełnić podróży ku ekspozycyjnemu głoszeniu Słowa. Są to: *metoda historyczno-krytyczna, teologia biblijna* i *teologia systematyczna*.

METODA HISTORYCZNO-KRYTYCZNA

Jeśli podobnie jak ja usługujesz w środowisku akademickim, prawdopodobnie zaświeciła się w twojej głowie czerwona lampka, gdy tylko przeczytałeś słowo „teologiczna" w tytule tego rozdziału. I słusznie. Bo przecież *teologia* podnosi problem *historyczności*. Problem historyczności natomiast prowadzi do tego, że zbyt często lekceważymy egzegetyczną część naszej pracy przygotowawczej. Ulegamy nazbyt uproszczonym refleksjom teologicznym i wówczas głosimy albo płytką ewangelię, którą „doczepiamy" do głoszonego tekstu, albo doktrynę zamiast fragmentu Pisma. To zasadniczo zła praktyka, zwłaszcza jeśli czynimy tak w każdym tygodniu. Oddziela ona chrześcijaństwo od historyczności.

Jeśli podczas głoszenia traktujemy tło historyczne danego fragmentu starotestamentowego jako element nieistotny lub jedynie jako odskocznię do ewangelii, uczymy innych, że Biblia nie jest w istocie zainteresowana historią.

Historyczność staje się wtedy swego rodzaju rywalem teologicznego dogmatu. W tym momencie zaczyna nas dzielić zaledwie jedno pokolenie od postrzegania zmartwychwstania jedynie w sposób abstrakcyjny i uduchowiony, nie zaś historyczny. Dzieli nas wtedy jedno pokolenie od traktowania Biblii jako mitologii moralności, nie zaś jako Prawdy.

Innymi słowy, jest rzeczą możliwą, aby nowy gatunek mówców, którzy głoszą, mając na celu ukazywanie Chrystusa w każdym fragmencie Pisma, zburzył fundament chrześcijańskiego kaznodziejstwa.

Problem historyczności nie jest niczym nowym. Kwestię tę podniósł John Owen w swojej *Teologii biblijnej*, wydanej w języku łacińskim w roku 1661. Pierwsze trzy rozdziały zajmują się pojęciem teologii jako czymś, co jest nałożone na tekst i historię Biblii. Ten problem dotyczy także nas. Z tego powodu niektóre uznane seminaria duchowne (wraz z tym w mojej okolicy) wciąż wzbraniają się przed zatrudnieniem teologa.

Jeden z najlepszych i najbardziej kompetentnych krytyków odnoszących się do chrześcijańskiego pragnienia, by postrzegać wszystko przez pryzmat Jezusa, to James Barr, znawca Starego Testamentu, który tworzył głównie w drugiej połowie XX wieku. Patrzy on na chrześcijańskie (chrystocentryczne) głoszenie ze sceptycyzmem, ponieważ często nie pozwala ono, aby Stary Testament przemawiał sam za siebie. Chrześcijaństwo jest importowane do Starego Testamentu lub mu narzucane do tego stopnia, że Stary Testament zostaje zmuszony do milczenia. Według

Barra „importowanie chrześcijaństwa do Starego Testamentu lub narzucanie mu go w efekcie umniejsza wartość Starego Testamentu dla chrześcijaństwa oraz jego wpływ na chrześcijaństwo. Stary Testament powinien rodzić chrześcijańskie skutki, ale nie powinien być chrystianizowany. Ale czy da się tego dokonać?"[2].

Barr, choć ujmuje ten konflikt w formie pytania, jest tu bardzo sceptyczny. Czy da się tego dokonać? Czy fragmenty Starego Testamentu można głosić jako teksty chrześcijańskie, nie osłabiając ich znaczenia w pierwotnym kontekście? Pytanie Barra jest bardzo istotne.

Mogę sobie jedynie wyobrazić, co Barr mógłby pomyśleć o uproszczonym przedstawianiu wizji Boga z 3 rozdziału Księgi Habakuka przez niektórych kaznodziejów. Bóg objawia się tam w jasnym świetle, odziany jak zwycięski wojownik. Zstępując na ziemię, Bóg cudownie zbawia swój lud, który znajdował się pod tyranią swoich ziemskich wrogów. Dla początkującego kaznodziei ekspozycyjnego – który *w ślepy sposób chce się trzymać głoszenia chrystocentrycznego* – tekst ten wydaje się wskazywać na Jezusa, który dokonuje potężnego zbawienia grzeszników. Ale Barr mógłby zapytać: „Jakim prawem ty, chrześcijański kaznodziejo ekspozycyjny, głosisz, że to, co Bóg obiecał Izraelowi odnośnie do jego ziemskich wrogów, dotyczy zwycięstwa dla wszystkich ludzi będących pod władzą duchowego przeciwnika?" Czy młody kaznodzieja właśnie porzucił historyczność na rzecz *uduchowienia*? Czy właśnie ograbił tekst z historyczności?

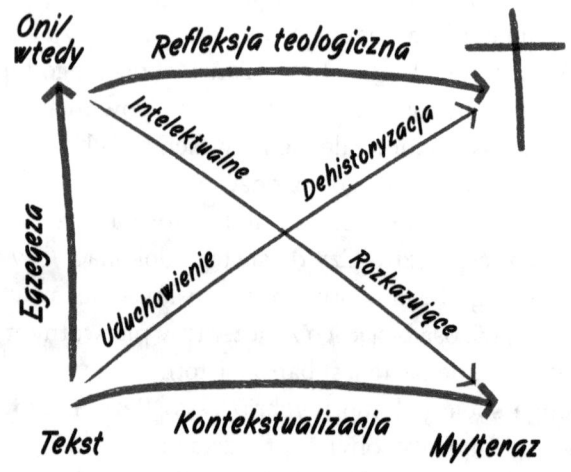

Przykład z 3 rozdziału Księgi Habakuka prowadzi nas ponownie do pytania, czy kaznodzieja może powiązać starotestamentowe fragmenty z Chrystusem bez umniejszania ich historycznego znaczenia dla pierwotnych słuchaczy. Czy istnieje sposób postępowania zgodnie z zasadą wyłożoną przez Jezusa, o której czytamy w 24 rozdziale Ewangelii Łukasza – że całe Pismo odnosi się do ewangelii – bez dehistoryzacji tekstu? Oczywiście to samo pytanie możemy zadać w odniesieniu do Nowego Testamentu. Bardzo łatwo jest zagubić się w kontekście historycznym czasów drugiej świątyni lub szczegółach tła grecko-rzymskiego, nigdy nie pytając, jak dany fragment rzeczywiście odnosi się do ewangelii. Metoda historyczno-krytyczna wskazuje, jak można rozmyślać teologicznie nad tekstem biblijnym bez naruszania jego historycznej spójności.

Przede wszystkim owa refleksja teologiczna musi rozpocząć się od modlitwy. „Wysiłek" rozmyślania teologicznego może się dokonać jedynie przez modlitwę. Istnieje bliski związek pomiędzy objawieniem się tożsamości Chrystusa – dostrzeżeniem Go jako wypełnienie Pism – a chwilami ciszy modlitewnej.

Łukasz przy wielu okazjach wykazuje ten związek. Gdy Jezus pyta Piotra: *A wy za kogo mnie macie?*, a Piotr odpowiada: *Za Chrystusa, Syna Bożego*, czytelnik wie, że Jezus chwilę wcześniej modlił się na osobności (Łk 9:18–20). Innymi słowy, Łukasz chce, by czytelnik uświadamiał sobie, że Jezus został objawiony Piotrowi w kontekście modlitwy. Transfiguracja, objawienie Jezusa w Jego chwale jako Syna, Wybranego, ma miejsce wtedy, gdy Jezus zabiera Piotra, Jakuba i Jana na górę, by się modlić (Łk 9:28–36). Symeon i Anna są ukazani na początku Ewangelii Łukasza jako bogobojni ludzie modlitwy – a zaraz potem Bóg objawia im Jezusa (Łk 2:27.37; por. Łk 2:28–32.38). Nawet gdy Bóg objawił tożsamość Jezusa przy chrzcie, niebiosa się otworzyły i Bóg przemówił, ogłaszając, że Jezus jest Jego Synem. Łukasz zapisał, że niebo się otworzyło, gdy Jezus się modlił (Łk 3:21–22).

Łukasz nie mógł wyrazić się jaśniej: Bóg objawia Jezusa ludziom wskutek modlitwy. A zatem jeśli chcemy, by Jezus był objawiony w naszym nauczaniu – jeśli naprawdę chcemy ukazać Jezusa jako centrum całego Pisma – musimy zacząć od modlitwy w naszych przygotowaniach. Tylko wtedy możemy rozpocząć ten istotny etap, jakim jest refleksja teologiczna. Tylko wtedy możemy przejść do dzieła formułowania teologii biblijnej i teologii systematycznej.

UŻYTECZNOŚĆ TEOLOGII BIBLIJNEJ

Dziedzina teologii biblijnej wymaga, abyśmy podjęli krok wstecz i spojrzeli na pełen obraz tego, co Bóg powiedział i co uczynił – i jak to się odnosi do epicentrum Jego zbawienia: śmierci i zmartwychwstania Jego Syna. Niekiedy definiuję tę dziedzinę jako sposób na czytanie Biblii, który podąża za postępującym ukazywaniem Bożego planu odkupienia w Chrystusie.

Teologia biblijna jest konieczną częścią nauczania, ponieważ zapobiega głoszeniu w sposób czysto intelektualny czy moralistyczny. Ujmując to pozytywnie, teologia biblijna prowadzi cię – słusznie – do sedna ewangelii chrześcijańskiej w wybranym tekście biblijnym. Dzięki teologii biblijnej to, co najistotniejsze, pozostaje najistotniejsze.

Jak w takim razie funkcjonuje teologia biblijna? Jak ją prawidłowo zastosować w głoszeniu ekspozycyjnym? Jak ją wykorzystać w przygotowaniu kazania? Myślę, że istnieją trzy rzeczy, które musimy czynić:

1. Opanować teologię biblijną.
2. Podążać za wskazówkami Nowego Testamentu.
3. Tworzyć właściwe odniesienia do ewangelii.

1. Opanuj teologię biblijną

Nie możesz korzystać z tego, czego nie masz, zatem pierwszym krokiem musi być zaopatrzenie się w teologię biblijną. Najlepszy sposób na jej zdobycie to czytanie Biblii w sposób spójny i kompletny. Nic nie przygotuje cię lepiej do tworzenia właściwych odniesień niż posiadanie głębokiego i całościowego poznania Biblii. Niech wejdzie ci w nawyk czytanie całego Pisma Świętego regularnie i z modlitwą. Wypatruj linii melodycznej przy czytaniu każdej z ksiąg. Im więcej czasu spędzisz na przyglądaniu się pełnemu obrazowi, tym lepsze będzie twoje pojmowanie tego obrazu.

Istnieją również wartościowe wtórne źródła teologii biblijnej. Wszerz i wzdłuż przerobiłem *Biblical Theology* (Teologia biblijna) Geerhardusa Vosa, według którego zdarzenia biblijne należy postrzegać epokami (Mojżesz, Prorocy, Nowy Testament). Następnie przestudiowałem *A History of the Work of Redemption* (Historia dzieła odkupienia) Jonathana Edwardsa. Tu również autor dzieli opowieść na trzy okresy historyczne: od upadku do wcielenia, od wcielenia do zmartwychwstania, od zmartwychwstania do końca świata. Z kolei Graeme Goldsworthy napisał książkę *Gospel and Kingdom* (Ewangelia i Królestwo). Postrzega on „Królestwo" jako temat dominujący, który spina całą Biblię (polecam ci Goldsworthy'ego na początek). Jeżeli szukasz czegoś prostszego, przeczytaj *God's Big Picture* (Szeroki obraz Boga) Vaughana Robertsa. Jeśli zaś potrzebujesz wersji jeszcze łatwiejszej, polecam *The Big Picture Story Bible* (Biblia szerokiego obrazu).

Oczywiście gdy twoje pojmowanie teologii biblijnej się rozwija, wciąż musisz pamiętać, by w czasie cotygodniowego przygotowywania kazań tworzyć odpowiednie odniesienia. Weź jednak pod uwagę, że należy to zrobić w sposób, który uwzględnia aspekt historyczny i literacki

Biblii. Nie chodzi tu o proste zadanie pytania, gdzie w danym tekście ukrywa się Jezus. On nie ukrywa się pod każdym kamieniem czy za każdym drzewem. Musimy zacząć od pytań o nieco delikatniejszym odcieniu. Na przykład:

- W jaki sposób ewangelia wpływa na moje zrozumienie danego tekstu?
- W jaki sposób tekst zapowiada ewangelię czy też skłania do rozmyślań nad nią?

Jednak na zadawaniu dobrych pytań praca się nie kończy.

2. Podążaj za wskazówkami Nowego Testamentu

Pierwszymi teologami biblijnymi – pierwszymi w sensie połączenia testamentów – byli autorzy Nowego Testamentu. Nie da się przejść na kolejną stronę Nowego Testamentu, nie dostrzegając wyraźnego odniesienia do jakiejś prawdy starotestamentowej; ponadto istnieje mnóstwo aluzji nieujętych wprost. Jest to oczywiście ogromna pomoc dla każdego, kto chce się zająć teologią biblijną. Nowy Testament staje się kopalnią złota w zakresie metod teologii biblijnej. Jeżeli twój tekst jest powiązany z innym fragmentem (w ramach tego samego testamentu, a zwłaszcza całej Biblii), masz od czego zacząć. Prawie co tydzień korzystam z ogromnego ułatwienia, jakie stanowi indeks zamieszczony w 28 wydaniu przekładu Nestle'a-Alanda. Indeks ten może być przydatny nawet dla czytelnika nieznającego greki, ponieważ zawiera wszystkie odwołania do Starego Testamentu i starotestamentowe cytaty, które znajdują się w Nowym Testamencie.

Wcześniej w tym rozdziale zasugerowałem, że metodologia Pawła przedstawiona w Dziejach Apostolskich wskazuje, że aby powiązać Pisma z rzeczywistością historyczną śmierci i zmartwychwstania Jezusa, należy wykazać się uwagą i dokładnością. Jednocześnie myślę, że szybkie spojrzenie na przemowę apostoła w Atenach z Dziejów Apostolskich 17:22–31 podsunie nam kilka pomysłów na temat tworzenia takich powiązań. Choć ta przemowa nie skupia się na objaśnieniu konkretnego tekstu biblijnego, ukazuje centralność ewangelii w Biblii jako całości. Widoczne jest to szczególnie w tym, jak Paweł posługuje się w swoim kazaniu konkretnymi kategoriami teologicznymi.

Wstęp

Paweł odwołuje się do znanych słuchaczom elementów kultury, aby przejść w rozmowie na temat Boga (w. 22–23).

Rozwinięcie

Paweł zaczyna od początku, od stworzenia nieba i ziemi przez Boga (w. 24a)
Wykazuje, że powszechnym problemem ludzkości jest bałwochwalstwo (w. 24b–25).
Podkreśla odwieczność Boga i Jego pragnienie bycia z nami w relacji (w. 26–28).
Mówi o ludzkiej winie i wzywa do upamiętania (w. 29–30).

Zakończenie

Apostoł wskazuje na zmartwychwstałego Jezusa jako tego, któremu należy się pełne poddanie (w. 31). Na końcu mówi o sprawiedliwości Bożego sądu nad światem (w. 31).

W zaledwie ośmiu wersetach zawarł Paweł historię od I Księgi Mojżeszowej do Księgi Objawienia. Gładko przeszedł od początku do końca, od stworzenia do zwieńczenia – mówiąc o Bogu jako o Stworzycielu, o ludzkości, która upadła, o Chrystusie, który zmartwychwstał, oraz o Chrystusie, który powróci, by sądzić, w dniu wyznaczonym w niebie. Kazanie to stanowi wzór tego, jak możemy skutecznie głosić, krótko ujmując wielkie dzieje historii biblijnej. Na podstawie stylu Pawła można się wiele nauczyć, bez względu na to, który tekst biblijny przerabiamy.

Dwa dotychczas wspomniane sposoby stosowania teologii biblijnej w przygotowaniu kazania stanowią istotny fundament. Musisz opanować teologię biblijną, tzn. poznać całą Biblię i wiedzieć, jak jej części składają się w całość. Musisz także zrozumieć, jak Nowy Testament odnosi się do Starego Testamentu i w jaki sposób Stary Testament stanowi zapowiedź Nowego Testamentu. Co jednak istotne, będziesz potrzebował narzędzi, aby czynić konkretne odniesienia, nawet gdy cytaty Nowego Testamentu nie torują ku temu drogi.

3. Twórz właściwe odniesienia do ewangelii

Jeśli moje powyższe twierdzenia są słuszne, wyzwaniem będzie formułowanie właściwych odniesień do ewangelii na podstawie tekstu, z którego głosisz. Oto cztery kategorie, które powinny okazać się pomocne dla twojego zaangażowania w biblijną refleksję teologiczną:

Wypełnienie proroctw

Trajektoria historyczna

Motywy

Analogie

Te kategorie znacząco się zazębiają. Wypełnienie proroctw może być widoczne w motywie lub analogii. Analogia może posłużyć się motywem. Motyw może obejmować jakiś aspekt trajektorii historycznej. Można też wyróżnić kilka innych kategorii. Istotną rzeczą nie jest to, jak zdefiniujesz i zorganizujesz dane kategorie, ale ich zasadność. Przedstawione tutaj kategorie są po prostu punktem wyjścia.

Szukaj wypełnienia proroctw

Najbardziej zrozumiałe powiązania to te, które są sformułowane wprost. Jak bez wątpienia wiesz, w pewnych miejscach w Starym Testamencie czytamy, że Bóg składa obietnice dotyczące Mesjasza, który ma przyjść. Z kolei w Nowym Testamencie autorzy odwołują się do proroctw, wskazując na ich wypełnienie w osobie i dziele Jezusa Chrystusa.

Jednym z najprostszych przykładów ukazania wypełnienia proroctw jest użycie przez Mateusza słowa *wypełnić*. Co najmniej w dziesięciu miejscach swojej Ewangelii Mateusz przerywa narrację, by podkreślić, że Jezus wypełnił coś, co zostało zapowiedziane przez któregoś z proroków Starego Testamentu. Od ucieczki z Egiptu do posługiwania się przypowieściami (Mt 2:14–15, 13:35), wiele aspektów życia Jezusa jest bezpośrednim wypełnieniem proroctw Starego Testamentu. Sam Jezus zresztą bardzo wyraźnie o tym mówi, o czym czytamy tuż przed punktem kulminacyjnym Ewangelii Mateusza:

*Czy myślisz, że nie mógłbym prosić Ojca mego, a On wystawiłby mi teraz więcej niż dwanaście legionów aniołów? Ale jak by wtedy **wypełniły** się Pisma, że tak się stać musi? W tej godzinie rzekł Jezus do tłumu: Jak na zbójcę wyszliście z mieczami i kijami, aby mnie pochwycić; codziennie siadywałem w świątyni i nauczałem, a nie pojmaliście mnie. Ale to wszystko się stało, aby się **wypełniły** Pisma prorockie. Wtedy wszyscy uczniowie go opuścili i uciekli* (Mt 26:53–56).

Strategia Mateusza podczas rysowania prostej linii proroczego wypełnienia pomiędzy Starym Testamentem a Jezusem jest dość klarowna. Ewangelie Łukasza i Jana także ją wykorzystują. Staje się ona częścią apostolskiej metody służby we wczesnym Kościele. Na przykład kazanie Piotra w 3 rozdziale Dziejów Apostolskich zawiera istotną apologię: *Bóg zaś wypełnił w ten sposób to, co zapowiedział przez usta wszystkich proroków, że jego Chrystus cierpieć będzie* (Dz 3:18; por. 13:27). Jakub także stosuje tę strategię, gdy mówi o usprawiedliwieniu Abrahama z wiary (Jk 2:23).

Oczywiście ta metoda tworzenia odniesień działa także w drugą stronę. Możesz rozpocząć od Starego Testamentu i zobaczyć wyraźne wypełnienie obietnic w Chrystusie Jezusie w Nowym Testamencie. Na przykład Mojżesz mówi Izraelowi, że Bóg wzbudzi proroka takiego jak on, który przyniesie Boże Słowo; Piotr następnie wskazuje, że Jezus wypełnia tę obietnicę (5Moj 18:15–22; Dz 3:22–26).

Szukaj trajektorii historycznej

Drugim sposobem tworzenia odniesień do ewangelii w danym fragmencie jest szukanie rozwoju historycznego czy *trajektorii historycznej*. Tak jak w przypadku wypełnienia proroctw, poszukiwanie trajektorii historycznej w tekście opiera się na idei, że Bóg objawia siebie stopniowo, stąd też odkupieńcza historia ma kierunek czy przebieg, którego szczytem jest Krzyż. Jednak ta strategia wymaga, abyśmy szukali pojedynczych wątków czy opowieści o historii odkupienia i oznaczali punkty zwrotne[3]. Na przykład historię odkupienia moglibyśmy podsumować następująco: Stworzenie → Upadek → Odkupienie → Nowe stworzenie. Dany fragment biblijny może odwoływać się do jednego z powyższych aspektów w taki sposób, że jesteśmy w stanie umieścić go w jakimś punkcie historii odkupienia. Aby odnieść tekst do ewangelii, wystarczy wskazać, w którym miejscu na linii historii dany tekst się znajduje.

Metoda ta jest dość łatwa. Chcąc narysować łuk w programie komputerowym, potrzebujemy przynajmniej trzech punktów odniesienia. Jest to kwestia geometrii. Podobnie, aby naszkicować trajektorię historyczną w Biblii i dostrzec jej odniesienie do ewangelii, potrzebujesz – tak myślę – trzech punktów. Mnie osobiście najłatwiej jest podczas rozważania danego fragmentu Pisma Świętego wyznaczyć punkt historii odkupieńczej poprzedzający ten tekst oraz punkt historii odkupieńczej po nim następujący. To daje mi trzy punkty historii odkupienia. W tym momencie mam już trajektorię historyczną, która pokazuje mi, jak dany tekst odnosi się do ewangelii.

Na przykład Księga Kaznodziei Salomona 12:1–8 kładzie silny nacisk na to, aby pamiętać o Stwórcy. To samo ma miejsce w 1 rozdziale Listu do Rzymian. Oba fragmenty wskazują na konkretny punkt w historii odkupienia, z którego wypływa jej dalsza część. Możesz odnieść się do opisu stworzenia (1Moj 1–2) lub przejść do kwestii nowego stworzenia (2Kor 5:17); oba momenty stanowią pewne okresy w historii odkupienia, które mogą poprowadzić cię do jego centrum. Ten sposób łączenia tekstów jest szczególnie przydatny, gdy dany fragment charakteryzuje się tonem eschatologicznym lub apokaliptycznym. Nowe stworzenie zawiera pełnię powrotu Chrystusa i wszystko, co z niego wynika.

Szukaj motywów

Kolejny sposób wiązania całej Biblii z ewangelią wykorzystuje biblijne *motywy* teologiczne. Bóg stopniowo objawia się przez pewne tematy lub motywy występujące w obrębie całego Pisma Świętego. Choć możemy rozróżnić przynajmniej kilkadziesiąt takich motywów, do największych zalicza się Królestwo, przymierze, świątynia/ kapłan/ofiara, a także exodus/niewola/odpoczynek.

Ważne jest zrozumienie, jak motywy funkcjonują. Na przykład exodus, choć stanowi wydarzenie historyczne opisane w 2 Księdze Mojżeszowej, jest także tematem powtarzającym się w całej Biblii – Bóg poprzez próby uwalnia swój lud z niewoli do miejsca swojego błogosławieństwa. Gdy prorocy zaczynają opisywać niewolę i powrót z niewoli, określają je mianem „nowego exodusu" Zatem ów motyw – exodus – znajduje ostateczne wypełnienie w śmierci i zmartwychwstaniu Chrystusa (por. Łk 9:30–31).

Pracowałem kiedyś nad tekstem z Ewangelii Łukasza 22:14–30. Motyw *Królestwa* wydawał się dość oczywisty. Ostatecznie słowo to pojawia się tu czterokrotnie i jest dominującym tematem pozostałej części Ewangelii Łukasza. Ale gdy czytałem ten fragment, inny motyw zwrócił moją uwagę: przymierze. Popatrz: *Podobnie i kielich, gdy było po wieczerzy, mówiąc: Ten kielich, to nowe przymierze we krwi mojej, która się za was wylewa* (w. 20).

Przymierze pojawia się jedynie dwukrotnie w Ewangelii Łukasza – tutaj oraz w wersecie 1:72. Zacząłem zatem studium nad różnymi przymierzami w Piśmie Świętym. Poczynając od Noego, poprzez Abrahama, do Dawida, *przymierze* stanowi bardzo ważny i obfity motyw. Odniesienie w Ewangelii Łukasza było oczywiście bardziej precyzyjne. Nie chodziło o jakiekolwiek przymierze, ale o „nowe przymierze". Nowe przymierze jest także powiązane z Ostatnią Wieczerzą w 1 Liście do Koryntian 11:25, sięgnąłem jednak do miejsca w Biblii, w którym wyrażenie to zostało użyte po raz pierwszy. Mowa o Księdze Jeremiasza 31:31–34.

> *Oto idą dni – mówi Pan – że zawrę z domem izraelskim i z domem judzkim nowe przymierze. Nie takie przymierze, jakie zawarłem z ich ojcami w dniu, gdy ich ująłem za rękę, aby ich wyprowadzić z ziemi egipskiej, które to przymierze oni zerwali, chociaż Ja byłem ich Panem – mówi Pan – lecz takie przymierze zawrę z domem izraelskim po tych dniach, mówi Pan: Złożę mój zakon w ich wnętrzu i wypiszę go na ich sercu. Ja będę ich Bogiem, a oni będą moim ludem. I już nie będą*

siebie nawzajem pouczać, mówiąc: Poznajcie Pana! Gdyż wszyscy oni znać mnie będą, od najmłodszego do najstarszego z nich – mówi Pan – odpuszczę bowiem ich winę, a ich grzechu nigdy nie wspomnę.

Zrozumienie odniesienia nowego przymierza do 31 rozdziału Księgi Jeremiasza było bardzo pomocne, ponieważ doprowadziło mnie do przynajmniej trzech kolejnych odniesień, które wspomogły moje nauczanie. Po pierwsze, nacisk, który pojawia się u Łukasza, dotyczy zasad Królestwa. W Księdze Jeremiasza 31:34 Bóg mówi o pełni tych, którzy skorzystają z nowego przymierza, *od najmniejszego do największego* (SNP). W Ewangelii Łukasza widzimy, że Jezus wielokrotnie odnosi się do tego wątku (zob. 7:28 oraz 9:48; występują tu też określenia: „pierwsi" i „ostatni", a także zasada wywyższenia i poniżenia w Królestwie: 13:30, 14:11 oraz 17:7–10). W studiowanym przeze mnie fragmencie Ewangelii Łukasza 22 Jezus odniósł korzyści płynące z nowego przymierza do zasady uczniostwa jako służby – czyli stawania się najmniejszym, nie zaś największym (w. 24–27).

Drugie odniesienie, które ubogaciło moje kazanie, dotyczyło uczestnictwa. Bóg nie tylko zawarł przymierze, lecz także przydzielił Królestwo na podstawie owego przymierza. Język przymierza, a w szczególności czasownik „zawierać", użyty w Księdze Jeremiasza 31:31–34, ściśle nawiązuje do czasownika „przekazywać" w Ewangelii Łukasza 22:29. *Wy zaś jesteście tymi, którzy wytrwali przy mnie w pokuszeniach moich. A Ja przekazuję wam Królestwo, jak i mnie Ojciec mój przekazał, abyście jedli i pili przy stole moim w Królestwie moim, i zasiadali na tronach, sądząc dwanaście plemion Izraela* (Łk 22:28–30).

Po trzecie, podobnie jak uczniowie, nie musimy się spierać o bycie największym (Łk 22:24). Jezus obiecuje nam (w. 30) pewne aspekty swoich rządów. Co ciekawe, fragment z 31 rozdziału Księgi Jeremiasza skupia się na zjednoczonym Izraelu, w którym plemiona są traktowane jako jedno ciało, sprawujące sąd nad całym światem (zob. Jr 25:17–29).

W wyniku dostrzeżenia owych powiązań pomiędzy 22 rozdziałem Ewangelii Łukasza a 31 rozdziałem Księgi Jeremiasza poprzez motyw przymierza moje głoszenie z Ewangelii Łukasza 22:14–30 zostało znacząco ubogacone. Kazanie to już nie było jedynie o Stole Pańskim, lecz także o zasadach postępowania przy stołach kuchennych. Nie dotyczyło wyłącznie przymierza, jakie Bóg zawarł dla naszego zbawienia, lecz ukazywało sposób, w jaki w tym przymierzu uczestniczę i sprawuję rządy.

Szukaj analogii

Jedną z najpowszechniej używanych i niestety nieprawidłowo stosowanych przez kaznodziejów strategii jest *analogia*. Z jednej strony ta gałąź teologii biblijnej może wydawać się onieśmielająca, gdyż wymaga rozróżnienia pomiędzy analogią, typologią, alegorią, metaforą i jeszcze kilkoma innymi technicznymi terminami. Oczywiście ostrzegam cię przed zbytnim rozmiłowaniem się w tym nazewnictwie, choćby dlatego, że różni badacze i kaznodzieje różnie te terminy definiują.

Co więcej, łatwo tu o przesadę. Gdy już raz oswoisz się z żargonem, powiedzmy, typologii, zaczniesz wszystko postrzegać w ramach terminologii typologicznej. Twoje nauczanie będzie wciskane w kombinezon typologii, bez względu na to, czy typologia ma tam miejsce czy nie.

Analogia to szeroka kategoria dotycząca porównywania czy kontrastowania dwóch rzeczy. Dobre historie można poznać częściowo po wstępnym kreowaniu postaci czy obiektów z użyciem takich cech czy funkcji, które nabierają znaczenia w dalszej części. To właśnie sprawia, że chcemy powracać do danej książki czy filmu. Wstępne szczegóły, zatuszowane przy pierwszym pojawieniu się, stają się istotne, gdy ujawniają się ukryte intencje autora. Jak mówi przypowieść, *Chwałą Bożą jest rzecz ukryć, a chwałą królów rzecz zbadać* (Prz 25:2). Wygląda na to, że Bóg, w swojej nieskończonej mądrości, nadał w historii Izraela pewnym osobom, przedmiotom, a także wydarzeniom znaczenie analogiczne, którego wypełnienie znajduje się w Chrystusie. Umiejętność rozpoznania tych zależności w Biblii jest kluczowa dla dobrej ekspozycji.

Zależności te mogą być szerokie – w tym przypadku nazywamy je właśnie analogiami – lub też węższe. Gdy osoba, wydarzenie, instytucja czy przedmiot w Biblii przepowiada jakiś aspekt Jezusa Chrystusa w węższym zakresie, nazywamy to *typologią*. Typologia jest prorocza, a jej znaczenie stopniowo narasta[4]. Na przykład, jeśli król Dawid stanowi typ Chrystusa, wówczas Dawid (nazywany *typem*) odpowiada osobie Jezusa Chrystusa (nazywanego *antytypem*) poprzez Królestwo, przy czym sens Królestwa nabiera tu większego znaczenia. Jezus jest jak Dawid, ale jest od Dawida większy.

Spójrzmy na pewien przykład. W moim zborze w Chicago, znajdującym się w dzielnicy Hyde Park, tuż obok uniwersytetu, uwzględniamy w nauczaniu przebieg roku akademickiego. W związku z tym, że w okresie wakacyjnym wiele osób wyjeżdża, można ten czas poświęcić na głoszenie serii oddzielnych kazań. Przez kilka lat z rzędu zdecydowaliśmy się wtedy głosić z 1 i 2 Księgi Samuela. Miałem przywilej przemawiać na podstawie rozdziału, który jest według mnie jednym z najmroczniejszych w Biblii, a mianowicie 28 rozdziału 1 Księgi Samuela.

To właśnie podczas pracy nad końcówką tego rozdziału idea analogii stała się dla mnie szczególnie realna.

I zaraz padł Saul jak długi na ziemię, gdyż przeraził się bardzo z powodu słów Samuela; opadł też zupełnie z sił, gdyż już cały dzień i całą noc nic nie jadł. A gdy ta kobieta przystąpiła do Saula i ujrzała, że jest bardzo wstrząśnięty, rzekła do niego: Oto twoja służebnica usłuchała twojego głosu; naraziłam swoje życie i usłuchałam twoich słów, które powiedziałeś do mnie, teraz więc i ty usłuchaj głosu twojej służebnicy; położę przed tobą kromkę chleba, jedz, abyś miał siłę, gdy wyruszysz w drogę. Nie chciał jednak, mówiąc: Nie będę jadł. Lecz gdy napierali nań jego słudzy, a także ta kobieta, usłuchał ich, wstał z ziemi i usiadł na posłaniu. A owa kobieta miała w domu karmne cielę; szybko je więc zarżnęła i wziąwszy mąki zarobiła ciasto i upiekła z niego placki. Potem przyniosła to przed Saula i przed jego sługi; a gdy się posilili, wstali i jeszcze tej samej nocy wyruszyli (1Sm 28:20–25).

Saul był u schyłku życia. Właśnie polecił wróżbitce z En--Dor wywołać ducha Samuela, aby ten mógł wydać Boży wyrok nad Saulem, tak jak to uczynił wcześniej (rozdział 15). Samuel przekazał Saulowi, że nazajutrz nadejdzie koniec jego życia. I tak Saul wraz ze swoimi sługami i ową wróżbitką łamali chleb. Początkowo niechętnie, w końcu zdesperowany słowami od Boga, posłuchał wróżbitki. Ucztowali przy prząsnym chlebie i tucznym cielęciu. Następnego dnia Saul upadł na swój miecz i umarł.

Analogia ta jest bardzo intrygująca. Z jednej strony mamy tutaj przeciwieństwo Paschy. Saul i jego synowie patrzyli na nieodwracalny wyrok śmierci. Jednocześnie jest to niezwykły kontrast z Ostatnią Wieczerzą. Saul w nielicznym gronie swoich naśladowców usiadł do posiłku wieczorem, na dzień przed swoją śmiercią – tak jak Jezus ze swoimi uczniami. Wspólnie łamali chleb. Znaczenie tej analogii staje się jasne. Saul jest typem Chrystusa – a właściwie to typem antychrysta. Ten wieczór w jego życiu stanowi, poprzez kontrast, zapowiedź nocy, w której Chrystus łamał chleb ze swoimi uczniami, nocy tuż przed tym, jak zabito Go jako ofiarę za wielu. Niektórzy mogliby wskazać na typologiczne powiązanie między Saulem a Chrystusem. Inni natomiast mogą twierdzić, że mamy tu do czynienia z motywem czy typologią Paschy. W jakikolwiek sposób sklasyfikujesz te zależności, analogia pomiędzy tymi dwoma sytuacjami znacznie pogłębia nasze zrozumienie 28 rozdziału 1 Księgi Samuela i pokazuje, jak ostatecznie opisane tu wydarzenia zostały odwrócone w chwalebnej ofierze Jezusa Chrystusa.

Dysponując takimi narzędziami, dostrzegasz – mam nadzieję – jaką moc ma teologia biblijna w głoszeniu Chrystusa z całego Pisma. Pamiętaj o tych trzech ważnych rzeczach, których musisz się podjąć, aby zrobić właściwy użytek z teologii biblijnej. Po pierwsze, opanuj teologię biblijną jako fundament. Po drugie, zawsze, gdy to możliwe, używaj wskazówek Nowego Testamentu w interpretacji fragmentów ze Starego Testamentu. Po trzecie, korzystaj z czterech wspomnianych narzędzi, aby tworzyć właściwe odniesienia do ewangelii.

ROLA TEOLOGII SYSTEMATYCZNEJ

Teologia biblijna jest wspaniałym puntem wyjścia do refleksji teologicznej. I jeśli nabywając doświadczenia w głoszeniu, rozwiniesz swoje umiejętności w zakresie teologii biblijnej, pozwoli ci to pokonać większość drogi na tym etapie przygotowań. Jednocześnie w refleksji teologicznej ważną rolę odgrywa także inna gałąź teologii: teologia systematyczna.

Jeśli teologia biblijna pomaga nam rozpoznać stopniowe rozwijanie się Bożego planu odkupienia w Chrystusie, teologia systematyczna pozwala syntetyzować w formie doktryn wszystko, o czym mówi Biblia. Porządkuje ona Pismo Święte w sposób logiczny i hierarchiczny, nie zaś historycznie czy chronologicznie (jak teologia biblijna). D.A. Carson definiuje teologię systematyczną jako „gałąź teologii, która stara się opracować całość i fragmenty Biblii, ukazując ich logiczne (nie zaś jedynie historyczne) powiązania"[5].

Jednocześnie uważam, że należy tu zachować ostrożność. Choć doceniam rolę systematyki w głoszeniu, twierdzę, że istnieje różnica pomiędzy systematyką w głoszeniu a głoszeniem systemu. Simeon ujął to w następująco: „Bóg nie objawił swojej prawdy jako systemu; Biblia nie przedstawia systemu jako takiego". Wynik tego przekonania jest więc prosty: „Odłóż system na bok i przejdź do Biblii; przyjmuj jej słowa z prostym poddaniem i bez doszukiwania się systemu. Bądźmy chrześcijanami Biblii, a nie chrześcijanami systemu"[6]. Simeon ma rację. Nie powinniśmy być nauczycielami systemu. Istnieją mimo to trzy praktyczne zalety włączania teologii systematycznej do naszej refleksji teologicznej:

1. Zachowanie czystości nauki.
2. Znajdowanie odniesień do ewangelii w określonych gatunkach literackich.
3. Doskonalenie umiejętności rozmowy z niechrześcijanami.

1. Zachowanie czystości nauki

Główną korzyścią płynącą z wdrożenia teologii systematycznej do przygotowań przed głoszeniem jest to, że wprowadza ona pewne ograniczenia. Sprawia, że trzymasz się ortodoksji. Pracując nad egzegezą, będziesz nieuchronnie trafiał na skomplikowane fragmenty, zmuszające cię do podejmowania trudnych decyzji egzegetycznych. A ponieważ nikt z nas nie jest doskonały, będziemy popełniać błędy. I gdy zaczniesz zmagać się z trudnymi wnioskami dotyczącymi danego tekstu, zdrowa doktryna będzie dla ciebie przewodnikiem.

Na przykład powierzchowna egzegeza Listu Jakuba 2:14–26 może prowadzić to wniosku, że Jakub podważa doktrynę Pawła o zbawieniu jedynie z wiary. Dzięki podporządkowaniu studium tego fragmentu teologii systematycznej będziesz musiał zmierzyć się z tym, że Pawłowe przedstawienie zbawienia nie sprzeciwia się twierdzeniom Jakuba, lecz z nimi współdziała. Nawet jeśli nie będziesz w stanie rozwiązać wszystkich trudnych kwestii, dostrzeżesz przynajmniej, że Biblia nie kłóci się sama z sobą – przeciwnie, pomaga w interpretacji jej samej. Gdyby tak nie było, należałoby odrzucić ortodoksyjną koncepcję bezbłędności Pisma Świętego.

2. Znajdowanie odniesień do ewangelii w określonych gatunkach literackich

Prawdą jest, że w przypadku niektórych gatunków literackich trudniej zastosować teologię biblijną. Natura teologii biblijnej – wielkiej historii – dobrze łączy się z gatunkami, w których podstawową formą wypowiedzi jest narracja. Jednocześnie poezja Starego Testamentu może nie zawierać tak jasnego odniesienia do wielkiej historii biblijnej, jakiego byś sobie życzył. Listy Nowego Testamentu, pełne logicznej argumentacji, również mogą sprawiać trudność w znajdowaniu odniesień za pomocą teologii biblijnej.

Teksty cechujące się stylem rozprawy, podobnie jak poezję, dużo łatwiej powiązać z ewangelią właśnie dzięki teologii systematycznej. W tego rodzaju fragmentach zazwyczaj więcej uwagi poświęca się kwestiom fundamentalnym, takim jak wiara, łaska, usprawiedliwienie, grzech. Kiedy więc psalm wskazuje na upamiętanie z grzechu, a Paweł mówi o wierze i uczynkach, mamy jasne odniesienie do teologicznej koncepcji ewangelii.

3. Doskonalenie umiejętności rozmowy z niechrześcijanami

Przypuszczam, że większość niechrześcijan przychodzących do naszych kościołów nie jest jak etiopski eunuch – który mocno i szczerze pragnął lepiej zrozumieć Izajasza. Założę się, że bardziej pragną oni zadawać pytania dotyczące problemu zła, Boga, winy czy odkupienia. Odpowiedzi na te kwestie pochodzą z kategorii systematycznych. A zatem właściwe łączenie tekstu z teologią systematyczną w trakcie głoszenia może być najlepszym sposobem na przyciągnięcie uwagi niechrześcijanina do Słowa Bożego. Załóżmy na przykład, że ktoś słucha twojego kazania i zadaje sobie pytania dotyczące pojęcia grzechu, które pojawia się w tekście. Pomocne dla zrozumienia kwestii grzechu może być spojrzenie na określoną kategorię systematyczną i uświadomienie sobie, że istnieją trzy główne metafory grzechu: ciężar, dług i plama. Choć więc twój słuchacz może początkowo nie zrozumieć pojęcia grzechu przedstawionego w konkretnym fragmencie, możesz mu pomóc, uwzględniając w kazaniu szerszą doktrynę grzechu.

DODATKOWY KROK

W tym rozdziale omówiliśmy bardzo wiele zagadnień. Mam nadzieję, że dostrzegasz, dlaczego nie należy przechodzić bezpośrednio od egzegezy do zastosowania ani też zatrzymywać się w punkcie egzegezy. Liczę, że doceniasz wartość rozmyślania nad tym, jak dany tekst prowadzi cię do ewangelii. Właściwe zrozumienie metody historyczno-krytycznej oraz narzędzi teologii biblijnej i teologii systematycznej wesprze twój rozwój w dziele głoszenia.

To oczywiście jeszcze nie koniec. Czekają na nas wyzwania i wymagania *dzisiejszych czasów*.

4

CZASY DZISIEJSZE

Ostatni etap w przygotowaniu kazania przenosi nas do *czasów dzisiejszych*. Docieramy w końcu do teraźniejszości. Za nami góry starożytnego tekstu i pracy egzegetycznej, którą wykonaliśmy w odniesieniu do „nich" i do „wtedy". Mamy też za sobą refleksję teologiczną, wraz z jej naciskiem na pełnię czasu w Chrystusie Jezusie, Jego śmierć i zmartwychwstanie. A teraz zmierzymy się z punktem docelowym: *czasami dzisiejszymi*. My i teraz. Kościół. Boży lud i ci, którzy poprzez głoszenie Słowa mają stać się Jego własnością.

Do tej pory w naszej podróży świadomie trzymaliśmy kontekstualizację na dystans. Czyniliśmy tak ze względu na jej tendencję do dominacji w naszej pracy nad tekstem – nazwaliśmy to problemem *ślepego ulegania kontekstualizacji*. Jednak wraz z wykonaniem pracy biblijnej i egzegetycznej jesteśmy gotowi przyzwolić kontekstualizacji na zajęcie właściwego i niezbędnego miejsca przy stole. Chociaż zdrowa służba ewangelii jest zawsze związana z tekstem, musi być wsparta kontekstem. Kontekstualizacja powinna mieć wpływ na to, jak głosimy Boże Słowo, w zakresie trzech punktów. Oto one:

Profil słuchaczy

Układ materiału

Zastosowanie przesłania

Pomyślmy o tym ostatnim etapie jako o *syntezie*. Słowo „synteza" pochodzi ze starożytnej greki i niesie ze sobą ideę zestawienia razem dwóch lub więcej różnych elementów w taki sposób, że łączą się w nową i spójną całość.

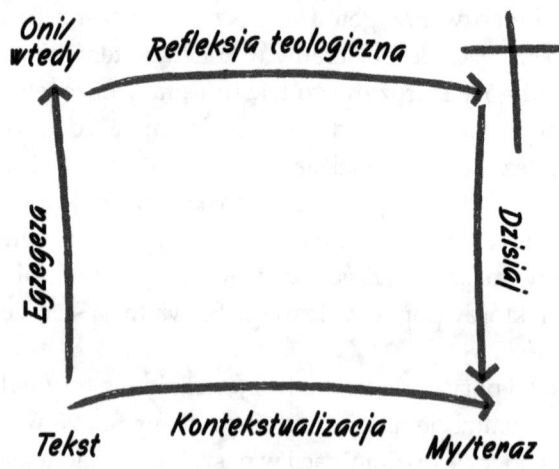

Dla wielu młodych kaznodziejów ten końcowy etap jest trudny. Nie są pewni, jak po nim nawigować albo jak to czynić w sposób prawidłowy. Potrafią zająć się różnymi elementami z osobna. Niektórzy z pewnością będą w stanie zrealizować zadania procesu egzegetycznego. Inni mogą przyswoić strategie czytania, które poprowadzą ich ku refleksji teologicznej. Ale gdy zapytasz, jak radzą sobie z łączeniem elementów, tak aby tworzyły spójne przesłanie na *dziś*, robi się cicho.

Tymczasem synteza jest konieczna. Biblijni kaznodzieje ekspozycyjni, którzy dobrze stosują syntezę, robią tak po części dzięki skupieniu kontekstualnej uwagi na *słuchaczach, układzie* i *zastosowaniu*.

1. PROFIL SŁUCHACZY

W najszerszym znaczeniu w naszych próbach kontekstualizacji musimy unikać dwóch błędów. Z jednej strony, jeśli nasze głoszenie zawsze sprzeciwia się kulturze, przesłanie zostanie odrzucone przez świat, jeszcze zanim będziemy mieli okazję przedstawić Chrystusa. Z drugiej strony, jeśli dostosowujemy nasze przesłanie do świata (lub upodobniamy do niego nasz styl życia), porzucamy podstawę, która umożliwia nam bycie użytecznymi dla Boga na świecie. Naszym zadaniem jest znalezienie sposobu, by zanieść Boże niezmienne przesłanie światu, który jest niemal całkowicie pozbawiony biblijnych pojęć i pełen dezorientacji teologicznej.

Choć dobrze jest opowiadać się za egzegezą i teologią, dobrzy kaznodzieje ekspozycyjni nie zapominają, że te dziedziny istnieją po to, by służyć ludziom. Wzdrygam się na myśl o nastawieniu niektórych kaznodziejów – wydaje się, że ich zgromadzenie istnieje po to, by służyć im w realizowaniu ich posługi Słowa. Szczególnie młodsi kaznodzieje powinni być świadomi pokusy służenia sobie samym i swoim ambicjom.

W ciągu ostatnich piętnastu lat nasz kościół miał przywilej wyszkolenia ponad siedemdziesięciu stażystów – młodych mężczyzn i kobiet zmierzających ku pełnowymiarowej służbie chrześcijańskiej różnego rodzaju. Niekiedy im przypominam: *to ludzie są sednem!* Ci, którzy pragną głosić Słowo, a nie mają serca dla ludzi ze świata, nie powinni być dopuszczeni do regularnego stawania za kazalnicą.

Jeśli zatem chcesz zostać biblijnym kaznodzieją ekspozycyjnym, pamiętaj o tym: warunkiem wstępnym do głoszenia Słowa jest wzrastanie w pobożnej miłości do ludzi. Naucz się poznawać i kochać słuchaczy, których daje ci Bóg. Czyż nie taką właśnie postawę Jezus zaszczepił w Piotrze, zanim posłał go z ewangelią do świata? W Ewangelii Jana 21 Jezus ukazał się po raz trzeci Piotrowi i pozostałym uczniom przy Morzu Galilejskim. Trzykrotnie zapytał: *Szymonie, synu Jana, czy miłujesz mnie więcej niż ci?* I trzykrotnie, z narastającą frustracją, Piotr, wkrótce mający stać się kaznodzieją, powiedział: *Tak, Panie! Ty wiesz, że cię miłuję.* W odpowiedzi Jezus rzekł mu: *Paś owieczki moje.* Przesłanie było jasne: ci, których Jezus wyznaczył do głoszenia ewangelii, to ci, których miłość do Niego przejawia się w miłowaniu Jego Kościoła!

Mówię więc wszystkim wam, którzy pragniecie głosić dla Chrystusa: Czy kochasz Jezusa? Czy naprawdę Go kochasz? W takim razie okaż swoją miłość poprzez karmienie i doglądanie tych, za których On umarł. Naucz się kochać ludzi.

Kościół

Głównym odbiorcą ekspozycyjnego głoszenia Słowa Bożego jest Kościół, czyli Boży ludzie. Wierni biblijni kaznodzieje ekspozycyjni zawsze mają to na uwadze. Pracują nad Bożym Słowem z wielką starannością, ponieważ dobrze wiedzą, że Słowo, które głoszą, zbawia i wzmacnia Kościół.

To należącym do siebie ludziom Bóg w ogrodzie Eden posłał swoje Słowo. Na Górze Synaj Bóg ponownie wypowiedział swoje Słowo, tym razem zapisując je na kamiennych płytach, aby nowo ocalony lud mógł poznać Jego samego oraz Jego łaskawe ścieżki. A kiedy Bóg posłał Jezusa, Słowo Boże w samej istocie, zrobił to w celu zgromadzenia ludu dla siebie. W dniu Pięćdziesiątnicy było tak samo. Zgromadzenie pierwszych świętych, którzy oddali się nauce apostolskiej, nawróciło się na skutek głoszenia Słowa.

Mówiąc najprościej, każdy wierny biblijny kaznodzieja ekspozycyjny, którego znam, nosi w sobie mocne przekonanie, że Słowo Boże stwarza i podtrzymuje Boży lud, Jego Kościół.

W jaki sposób wpłynie to na twoje głoszenie *dzisiaj*? Głoszący kazania ekspozycyjne w sposób szczególny muszą być świadomi swojej potrzeby *rozmowy* z Bogiem. Jedynie On może dokonać tego wielkiego dzieła, które jest przed nami. Musimy nasze całe przygotowanie do kazania przynosić Bogu w modlitwie. Błędem byłoby myśleć, że głoszenie może odbywać się w odizolowaniu – jak gdyby Boże wielkie i chwalebne dzieło nawracania i ustanawiania Jego Kościoła spoczywało na naszych działaniach.

My, którzy głosimy, musimy stać się tymi, którzy się modlą. Już samo to jest niewątpliwą oznaką, że rozumiemy, jak Kościół powstaje i jak rozkwita w świecie. To sprawia, że my, kaznodzieje ekspozycyjni, przygotowujemy nasze kazania na kolanach, jak również zza biurka. Z doświadczenia wiemy, co znaczy zginanie kolan przed Bogiem w błaganiu o dokonanie dzieła, którego nawet nasze najlepsze starania nie byłyby w stanie uzyskać.

Krótko mówiąc, rozpaczliwie potrzebujemy mocy Ducha Świętego w naszym głoszeniu. I dlatego się modlimy. Modlimy się przed głoszeniem. Modlimy się w trakcie głoszenia. Modlimy się nawet po zakończeniu głoszenia.

Miasto

Na przestrzeni ostatnich lat wiele napisano o tym, gdzie możemy szukać odbiorców. Niewiele trzeba do tego dodawać. Wystarczy zaznaczyć, że szybkimi krokami zbliżamy się do momentu w historii człowieka, w którym połowa światowej populacji będzie mieszkać w miastach. Biblijni kaznodzieje ekspozycyjni nie powinni być na to obojętni. Nasze głoszenie musi to uwzględniać.

Nie należy ulegać niedorzecznym poglądom, że Bóg bardziej kocha ludzi mieszkających w mieście niż pozostałych. Musimy natomiast wziąć pod uwagę wyzwania i możliwości życia w mieście. Zbory, w których większość z nas głosi, będą z natury bardziej zróżnicowane pod względem pochodzenia i pełne konkurujących poglądów, które – jeśli nie będziemy ostrożni w naszych słowach – mogą się stać niepotrzebnym powodem zamętu. Nasze głoszenie powinno zakładać różnorodność odbiorców, co oznacza, że musimy być skłonni do rezygnacji z kolokwializmów czy żartów środowiskowych typowych dla naszych małych subkultur. Na zebraniu Rady Miasta nie opowiedziałbyś tych samych historii, które przekazałbyś przyjacielowi przy obiedzie. Jest to kwestia poszerzenia pola widzenia. Powinniśmy głosić tak, jakbyśmy chcieli być zrozumiani przez ludzi z czterech stron świata – ponieważ w wielu przypadkach takie właśnie osoby będą w zasięgu naszego głosu.

Ponieważ Bóg gromadzi coraz bardziej zróżnicowane zbory, pomocne powinny się okazać dwie strategie głoszenia:

Strategia interpersonalna

Strategia zintegrowana

Dla obydwu ateńska przemowa Pawła jest wzorcowa. Po pierwsze, na froncie *interpersonalnym*, jak wskazuje Łukasz, Paweł rozprawiał i rozmawiał z Ateńczykami zarówno w synagodze, jak i na rynku. Innymi słowy, jego głoszenie nie było jednowymiarowe. Nie powinniśmy myśleć o nim jedynie jako o postaci, która stała za kazalnicą raz w tygodniu, uprawiając monolog. Paweł stosował różne strategie interpersonalne. Na rynku wykorzystywał nawet dialog. Dziś i my powinniśmy szukać odpowiednich sposobów i miejsc, by powielać w naszych miastach ową strategię interpersonalną.

Innym ważnym dla nas aspektem strategii interpersonalnej jest to, że Paweł nie wpraszał się, ale czekał, aż dana mu będzie możliwość rozmowy z ważnymi osobami, przynajmniej widzimy to w 17 rozdziale Dziejów Apostolskich. Łukasz stwierdza, że *zabrali go i zaprowadzili na Areopag, mówiąc: Czy możemy dowiedzieć się, co to za nowa nauka, którą głosisz?* (Dz 17:19). Wyrażenie „zabrali go" ukazuje coś ciekawego. Paweł nie był arogancki. Nie naciskał na to, by znaleźć się w centrum uwagi ludności ateńskiej. Nie domagał się spotkania z elitami. Raczej udawał się do zwykłych miejsc, w których przebywali ludzie, takich jak synagoga i rynek (w. 17), aby tam głosić Słowo. A o kazanie na Areopagu został poproszony. Z pewnością powinniśmy wykazywać się odwagą, ale środowisko miasta będzie także wymagało od nas szacunku.

Po drugie, rosnące znaczenie miast oznacza konieczność stosowania *strategii zintegrowanej*. Łączy ona, w przeciwieństwie do postawy wywrotowej, normy kulturowe z przesłaniem chrześcijaństwa, wykorzystując te pierwsze w sposób służący głoszeniu ewangelii. Ilustruje to sytuacja opisana w 17 rozdziale Dziejów Apostolskich, w której Łukasz skutecznie oczyszcza Pawła z wszelkich fałszywych oskarżeń o fundamentalistyczną nadgorliwość. Opisuje go jako słusznie oburzonego ateńskimi bożkami, ale niekoniecznie skłonnego, by roztłuc je na ulicy. Wskazuje, że Paweł robi coś odwrotnego – używa elementów kulturowych dla swojej apologetycznej korzyści: *Mężowie ateńscy! Widzę, że pod każdym względem jesteście ludźmi nadzwyczaj pobożnymi. Przechodząc bowiem i oglądając wasze świętości, znalazłem też ołtarz, na którym napisano: Nieznanemu Bogu. Otóż to, co czcicie, nie znając, ja wam zwiastuję*

(w. 22–23). Rozpoczynając przemowę od „nieznanego boga", Paweł odwołuje się do wrażliwości intelektualnej swoich uczonych słuchaczy. W końcu większość uczonych jest skłonna przyznać, że wiele spraw pozostaje dla nich niepoznanych, a użyte przez Pawła wyrażenie wspomniane w Dziejach Apostolskich 17:23 jest formą słowa *agnostycyzm*. Jak to ujął Korneliusz Van Til, „Nawet wśród światłych ludzi w dobrym stylu było rozpoznanie faktu, że niebo i ziemia kryją więcej, niż do tej pory byli w stanie sobie wymarzyć w swojej filozofii. [...] Byli więc całkowicie skłonni, aby pozostawić otwartą przestrzeń na rzeczy jeszcze przez nich niepoznane"[1]. Rozpoczęcie przesłania w ten sposób było przejawem geniuszu.

Czy jesteś w stanie sobie wyobrazić, jak odmiennie brzmiałaby ta historia, gdyby Paweł zdecydował się zastosować w Atenach strategię wywrotową, a nie zintegrowaną? Jeśliby wziął młotek i potłukł ołtarze, poprowadził bojkot przeciwko festiwalom albo umieścił na billboardach przy wjeździe do miasta slogan „Przeciwko zwyczajom ateńskim", z pewnością jego przekaz byłby zrozumiały. Ale jednocześnie mogłoby to wyrządzić wielką krzywdę sprawie ewangelii. Patetyczne strategie może i mogą zewnętrznie usunąć pogańskie i religijne symbole – ale tymi metodami chrześcijanie nie dotrą do umysłów i serc osób, które mieszkają i żyją pośród owych bożków.

Z pewnością wielu zostanie dziś powołanych do głoszenia w wielkich miastach. Kaznodzieje ci postąpią właściwie, jeśli przyjmą zarówno strategię interpersonalną, jak i zintegrowaną, które w przeszłości pomogły zdobywać miasta.

Mieszkaniec i jego kultura

Jedną rzeczą jest wiedzieć, gdzie możemy znaleźć słuchaczy. Zupełnie inną natomiast mieć świadomość, kim ci słuchacze są i jakie mają zwyczaje. Dzisiejszy świat jest pełen ludzi, którzy nie znają Biblii, i nigdy nie powinniśmy się zadowalać głoszeniem do tłumu, w którym osoby te nie są licznie reprezentowane. Kaznodzieje ewangelii stawiają sobie za cel głosić do słuchaczy, którzy pochodzą ze świata, gdyż niechrześcijanie są istotnymi odbiorcami Słowa. Jeśli pragniemy, by nasze przesłanie dotarło do współczesnego słuchacza, musimy poświęcić należytą uwagę poznaniu jego kontekstu kulturowego. Musimy być gotowi na mówienie we właściwym kulturowo języku. Na szczęście istnieje bardzo wiele książek i artykułów, które omawiają tę potrzebę. Niewiele mogę tu dodać, choć chciałbym zwrócić uwagę, że dobrzy biblijni kaznodzieje ekspozycyjni powinni znać granice takiego rodzaju przygotowania. Właściwe dokonanie kontekstualizacji samo w sobie niekoniecznie oznacza, że nasze nauczanie będzie z łatwością zrozumiane, ani tym bardziej, że siłą rzeczy przemienimy kulturę.

I znów wystarczy, że wskażę na mowę Pawła a Atenach (Dz 17:16–34). Choć Paweł bardzo starał się kontekstualizować swoje przesłanie dla słuchaczy (i my także powinniśmy), Łukasz zauważa, że ten dobry i niezbędny wysiłek ma jednak ograniczony wpływ. Reakcja kogoś z Ateńczyków na Pawłowe głoszenie ewangelii brzmiała: *Cóż to chce powiedzieć ten bajarz?* (w. 18). Słowo przetłumaczone jako „bajarz" oznacza „zbieracz nasion" lub „zamiatacz", tak jakby Paweł wyciągał jakiś pomysł stąd, a inny stamtąd, a w rezultacie to, co głosił, było niespójne. Nauczyciele ślepo oddani kontekstualizacji twierdzą, że udaje im się zapobiec tego rodzaju reakcjom.

Nie przegap tutaj słów Łukasza: Paweł, który jest dla nas wzorem kontekstualizacji, został wyśmiany przez niektórych, jakoby głosił przesłanie niespójne, a zatem niemogące przekonać opinii publicznej (zob. Dz. 17:32). Inną reakcją na przesłanie Pawła było zdanie: *Zdaje się, że jest zwiastunem obcych bogów. Zwiastował im bowiem dobrą nowinę o Jezusie i zmartwychwstaniu* (w. 18). Wyrażenie „obcy bogowie" sugeruje, że problem dotyczył zrozumienia treści przedstawianych przez Pawła. Krótko mówiąc, gdy Ateńczycy usłyszeli ewangelię, uznali ją za dziwną, nieznaną i wykraczającą poza ich ówczesny panteon.

Gdy zwracam uwagę na te dwie reakcje na głoszenie Pawła, moim celem jest oznajmienie: tak, poświęć się pracy nad zrozumieniem dzisiejszego mieszkańca i jego kultury, ale nie myśl, że dobrzy biblijni kaznodzieje ekspozycyjni zawsze będą właściwie zrozumiani czy przekonujący w uszach współczesnego słuchacza.

Przypomina mi to nie tylko o naszej potrzebie modlitwy, ale także o niezbędności działania Ducha Świętego w całym naszym głoszeniu. Jest to w istocie nasza największa potrzeba. Kaznodzieje muszą zrozumieć, co stanowi prawdziwe źródło mocy. Rola, jaką odgrywa Duch Święty w powstawaniu kościołów, używając do tego Bożego Słowa, i w kwestionowaniu poczucia wyższości wśród wszystkich mieszkańców i ich kultur, jest kluczowa. Prawdziwe życie i prawdziwa zmiana w naszych słuchaczach nie pochodzą z naszej pomysłowości, ale ze Słowa Ducha (J 6:63), wyrażonego w zwykłej mowie przez kaznodzieję, który patrzy w stronę Boga.

Z tym przeświadczeniem my, którzy dążymy do wyjaśniania Bożego Słowa, porzućmy wszelkie pozory i konwencje, które mogłyby wskazywać, że moc spoczywa w nas. Głoszenie wymaga pokory. Musimy skończyć z nadmiernym zainteresowaniem artyzmem i formą. Odrzućmy sławę, pochwały i pułapki zachłanności:

> *Albowiem kazanie nasze nie wywodzi się z błędu ani z nieczystych pobudek i nie kryje w sobie podstępu, lecz jak zostaliśmy przez Boga uznani za godnych, aby nam została powierzona ewangelia, tak mówimy, nie aby się podobać ludziom, lecz Bogu, który bada nasze serca. Albowiem nigdy nie posługiwaliśmy się pochlebstwami, jak wiecie, ani też nie kierowaliśmy się pod jakimkolwiek pozorem chciwością; Bóg tego świadkiem, nie szukaliśmy też chwały u ludzi ani u was, ani u innych* (1Ts 2:3–6).

2. UKŁAD MATERIAŁU

Każdego tygodnia kaznodzieja napotyka podobne wyzwanie: Jak powinienem uporządkować materiał, z którego zamierzam głosić? Jaką powinienem mu nadać strukturę? Te pytania są właściwe i wartościowe.

Gdy już dokonasz egzegezy tekstu wraz z teologiczną refleksją nad nim, otworzy się przed tobą skarbnica treściwych i pożytecznych rzeczy do powiedzenia – i całkiem słusznie będziesz chciał przekazać słuchaczom owoc swojej pracy. Czym zatem powinniśmy się kierować w aranżacji naszego materiału? I jaką konkretną rolę odegra tu kontekstualizacja? Uważam, że musisz przygotować się dwutorowo:

Potrzeba klarowności

Zalety zgodności z oryginałem

Pierwszy tor opiera się głównie na kontekstualizacji, podczas gdy drugi stanowczo trzyma się tekstu biblijnego.

Potrzeba klarowności

Kilka lat temu siedziałem w pokoju gościnnym u Dicka Lucasa w Londynie. Nasza rozmowa w sposób naturalny toczyła się wokół tego, co Bóg czyni w Kościele. Obaj byliśmy pełni nadziei i ożywieni z powodu obiecujących oznak, jakie dostrzegaliśmy w nadchodzącym pokoleniu kaznodziejów. W połowie tej radosnej dyskusji Dick wtrącił: „Owszem, ale musimy im przypominać, że nasze głoszenie nigdy nie może się stać zbyt płytkie". Głosząc przez niespełna pięćdziesiąt lat przedsiębiorcom pracującym w finansowej dzielnicy Londynu, Lucas nauczył się czegoś naprawdę ważnego: dobrzy kaznodzieje to kaznodzieje klarowni. Kaznodzieja nie może mówić zbyt prosto. *Potrzeba nam natomiast klarowności.*

Moje obserwacje były podobne. Choć mamy dziś gorliwych i obiecujących kaznodziejów, wielu z nich musi nauczyć się sztuki aranżowania materiału w sposób klarowny i zwięzły. Tutaj właśnie kontekstualizacja może odegrać znaczącą rolę.

Kaznodzieje ekspozycyjni mają świadomość, że ludzie, do których przemawiają co tydzień, nie są, ogólnie rzecz biorąc, tak podekscytowani niuansami egzegetycznymi i zagadkami tekstowymi jak oni sami. Jeden z moich znajomych Bożych przedsiębiorców ujął to tak: „Dave, co możemy wynieść z tego na ten tydzień? Nie rozgaduj się przez trzydzieści minut bez klarownego wyjaśnienia, o co ci chodzi. Potrzebuję prostych i bezpośrednich wypowiedzi".

Owocny kaznodzieja zna fronty, na których pracują i żyją jego ludzie. Zna ich potrzeby i mówi ich językiem. Ze swobodą głosi zarówno wierzącym, jak i niewierzącym, nawet jeśli sporą część czasu spędza na studiowaniu Słowa w kościelnym biurze.

Gdy rozpoczynasz pracę kontekstualną związaną z aranżacją materiału, dołóż wszelkich starań, by twoje nauczanie było klarowne. Zwróć uwagę na słowa, których używasz, oraz na sposób, w jaki przekazujesz swoje myśli. I bądź zadowolony, jeśli wspaniałości Chrystusa będą jasne tylko dla tych, którzy przyszli słuchać. Paweł zachęcał: *W modlitwie bądźcie wytrwali [...], módlcie się zarazem i za nas, [...] abym ją obwieścił, jak powinienem* (Kol 4:2–4).

W uzyskaniu klarownego przekazu pomogą ci dwa praktyczne kroki:

Określenie tematu tekstu

Wyrażenie celu autora

Biblijni kaznodzieje ekspozycyjni nie przystępują do głoszenia, gdy nie są w stanie wyrazić *tematu* danego fragmentu w jednym spójnym zdaniu. Temat stanowi główną myśl lub dominującą kwestię tekstu. Jest to punkt, do którego dąży autor. Na przykład niedawno zacząłem kazanie z Listu Jakuba 4:1–12 od prostego stwierdzenia: „Kwestia, którą chciałbym poruszyć podczas tych trzydziestu minut na podstawie tego fragmentu, to nasze słowa i ich zdolność do niszczenia relacji w kościele, źródło tej ich siły oraz sposoby zaradzenia temu problemowi". Niezależnie od tego, czy powiesz to tak prosto jak ja, ważne jest przekazanie zgromadzeniu głównej myśli przesłania danego autora w jednym zdaniu. To pomoże ci uzyskać prostotę i klarowność – dwie cechy dobrego stylu.

Drugim praktycznym krokiem, jaki może wykorzystać biblijny kaznodzieja ekspozycyjny, jeśli chce być klarowny, to streszczenie słuchaczom w jednym zdaniu *celu* autora w danym fragmencie. Cel wyraża to, czego autor chce nauczyć lub jak chce zmienić myślenie odbiorców (akcja lub reakcja) na skutek realizacji tematu. Nawet jeśli nie ujmiesz celu w jednym zdaniu podczas kazania, powinien on być wypracowany przed wyjściem za kazalnicę. Powinieneś być w stanie odpowiedzieć na pytanie, czego autor oczekuje od swoich słuchaczy.

Znajomość celu autora niesie ogromne korzyści – jedną z istotniejszych jest uproszczenie zadania podczas kontekstualizacji. Biblijni kaznodzieje ekspozycyjni nie odcinają się od tekstu w swoich przygotowaniach, by poszukiwać sposobów na uczynienie kazania aktualnym. Nie muszą tego robić. Biblia *jest* aktualna. Przeciwnie – ukazują oni zawarte już w tekście zastosowanie w sposób zrozumiały w kulturze, w której osadzony jest kościół. Dzięki temu tekst Pisma Świętego oraz praca nad kontekstualizacją idą ze sobą w parze. Są partnerami w dziele głoszenia. I kiedy w taki sposób się nimi posługujemy, kaznodzieja będzie bardziej wierny i owocny, a jego kazania staną się klarowniejsze i łatwiejsze do zrozumienia.

Zalety zgodności z oryginałem

Ten sam dynamiczny związek między tekstem a kontekstualizacją powinien mieć miejsce, gdy biblijni kaznodzieje ekspozycyjni tworzą konspekt kazania. Kontekstualizacja ma jedynie służyć tekstowi. Układ twojego kazania powinien być zgodny z aranżacją tekstu biblijnego. Zarys kazania ma się wyłaniać z egzegetycznej, biblijnej i teologicznej pracy włożonej w przygotowanie. W rzeczywistości powinien się stać swego rodzaju skontekstualizowanym lustrzanym odbiciem tej pracy.

Ta zasada w naturalny sposób wynika z tego, co oznacza ekspozycja Słowa. Nie narzucamy naszego konspektu tekstowi. Wydobywamy z tekstu to, co Duch Święty już w nim umieścił. I najlepiej to zrobić w takim stylu, w jakim On to ułożył. Pamiętaj, Charles Simeon ujął to tak:

> Moim dążeniem jest wydobywanie z Pisma tego, co w nim jest, a nie narzucanie innym tego, co mi się wydaje, że może w nim być. Jestem bezwzględny w tej kwestii, aby nigdy nie wypowiadać więcej ani mniej niż to, co wierzę, że jest zamysłem Ducha Świętego w danym fragmencie, który wykładam[2].

Wcześniej zdefiniowałem biblijne głoszenie ekspozycyjne jako głoszenie kontrolowane, które we właściwy sposób poddaje kształt i przesłanie kazania kształtowi i przesłaniu tekstu biblijnego. Być może dobrze byłoby określić, co rozumiem pod każdym z kluczowych słów mojej definicji. Mówiąc o *kształcie* i *przesłaniu*, mam na myśli, że każdy naturalnie wydzielony fragment Biblii, z którego głosimy, zawiera w sobie gotową, zamierzoną przez Ducha Świętego aranżację i akcent. Zadaniem kaznodziei jest je odnaleźć. Najlepiej to zrobić poprzez zdyscyplinowany wysiłek włożony w egzegezę oraz refleksję teologiczną. Gdy już ów kształt i przesłanie zostaną wyraźnie uchwycone, można zacząć myśleć o konstruowaniu kazania.

Oto co odróżnia konstrukcję głoszenia ekspozycyjnego od innych rodzajów przemówień biblijnych: kaznodzieja *we właściwy sposób podporządkowuje* układ materiału kształtowi i przesłaniu danego tekstu. Nie narzucamy fragmentowi innego, zewnętrznego szkicu. Co więcej, nie wstawiamy do tekstu materiału, który nie jest w nim zawarty. Potrzebujemy kaznodziejów, którzy poddadzą się właściwemu opowiadaniu Dobrej Nowiny.

Zbyt wielu z nas pozwala sobie na nadmiar swobody. Zarysy naszych kazań są nieodpowiednie. Tworzymy kazania, które odzwierciedlają coś kompletnie innego niż fragment, z którego głosimy. Mają inny kształt. Świadczy to o tym, że w tej części przygotowywania kazania nie jesteśmy wystarczająco zdyscyplinowani. Nie podporządkowujemy kształtu i przesłania naszej przemowy kształtowi i przesłaniu tekstu. Dopasowujemy natomiast tekst do takiego kształtu i przesłania, które odpowiadają naszym własnym pomysłom w konkretnym tygodniu. W rezultacie zawodzimy w ekspozycji i pozbawiamy naszych odbiorców możliwości usłyszenia Bożego głosu. Pozostają im wówczas tylko nasze słabe głosy. Dlatego chciałbym zachęcić cię do pracy nad tworzeniem kazań biblijnych, które odzwierciedlają zamysł autora. Wszakże na tym właśnie polega biblijna ekspozycja i, jak mówi podtytuł tej książki, tak *dziś przedstawiamy Słowo Boże*.

Skoro omówiliśmy już korzystną rolę kontekstualizacji w odniesieniu do *słuchaczy* i *układu materiału*, spójrzmy, jak wspomaga cię ona w *zastosowaniu przesłania*.

3. ZASTOSOWANIE PRZESŁANIA

Gdy przychodzi czas na zastosowanie, należy przede wszystkim wspomnieć, że biblijni kaznodzieje ekspozycyjni dążą do *przemiany serca*. Nie chcemy jedynie zaaplikować Bożej prawdy do umysłów słuchaczy, choć jest to istotna część naszej służby. Nie zadowalamy się także zwykłym pobudzeniem rąk i nóg do pracy, choć jest to niezbędny element służby chrześcijańskiej. Raczej celujemy w serca słuchaczy. Nasze nauczanie nigdy nie powinno poprzestać na zastosowaniu ograniczającym się do tego, jak ktoś myśli czy postępuje. Naszym celem jako głoszących kazania ekspozycyjne jest całkowite skierowanie woli i uczuć naszych słuchaczy na Boga. To serce jest siedzibą władzy. To serce jest czynnikiem zmian.

Zastosowanie skupione na sercu współpracuje z kontekstualizacją na co najmniej cztery sposoby:

Ściśle celuje w upamiętanie serca

Zakorzenia się w modlitwie serca

Wyrasta ze świadomości serca

Wyłania się z serca tekstu biblijnego

Upamiętanie serca

Wróćmy do kazania Pawła w Atenach. Głosił on o upamiętaniu serca. Wzywał mieszkańców Aten, by się upamiętali (Dz 17:30) i nie trwali w „czasach niewiedzy". Paweł nie chciał od Ateńczyków niczego innego niż całkowity zwrot dokonany w umyśle, sercu i woli.

W trakcie przygotowań do kazania kaznodzieja powinien postawić sobie kilka pytań, gdy rozmyśla nad zastosowaniem danego tekstu: Czy głoszę w celu wewnętrznej przemiany serca? Czy powstrzymuję się przed wzywaniem do upamiętania? Czy moje przesłanie ma jakiś inny wymiar niż tylko intelektualny?

Pamiętaj, że celem kontekstualizacji nie jest stworzenie takiego przesłania o ewangelii, które stanie się kolejną ciekawostką. Chcemy raczej pozyskać serca słuchaczy, by w pełni oddawały Chrystusowi należną Mu chwałę. Aby to wzniosłe dzieło się dokonało, potrzeba Bożego Ducha, by zadziałał Bożym Słowem w Bożych ludziach. Któż poza Bogiem może zmienić serce ludzkie (paradoksalnie wrogowie Jezusa rozumieli tę kwestię; zob. Mk 2:7)?

Modlitwa serca

Ponieważ celem kazania jest kruszenie serc i ponieważ jedynie Bóg może wypełnić ten cel, musimy podejść do przygotowania części praktycznej kazania na kolanach. Musi być nam znana modlitwa serca.

Zachęca nas ku temu Ewangelia Łukasza 11:1–13. Uczniowie przyszli do Jezusa, prosząc o wskazówki, jak się modlić (podobnie też Jan instruował swoich uczniów). W odpowiedzi Jezus podał im wzorzec modlitwy (Łk 11:1–4). Następnie opowiedział przypowieść, aby zachęcić ich do dzieła modlitwy poprzez porównanie Boga Ojca z bliskim przyjacielem. Przyjaciel obudzony w środku nocy może nie udzielić pomocy. Przyjaźń ma swoje ograniczenia. Ale Bóg, jako Ojciec, jest inny. On czeka w gotowości, by nam pomóc. Proście, a otrzymacie. Pukajcie, a otworzy wam. Co dokładnie Bóg obiecuje nam dać? *Ojciec niebieski da Ducha Świętego tym, którzy go proszą* (Łk 11:13). Nawet uczniowie Jana Chrzciciela, którzy byli nauczeni, jak się modlić, nie wiedzieli o Duchu Świętym (Dz 19:1–2). Ale dzięki Bogu, my wiemy. A Bóg obiecuje nam Go dać!

Świadomość serca

Tak jak musimy otworzyć nasze serca przed Bogiem za dusze naszych słuchaczy, tak też powinniśmy znać serca naszych odbiorców. Kontekstualizacja, w swym najlepszym wydaniu, pomaga nam zobaczyć, co kieruje sercami ludzi wokół nas. Mówiąc prosto, jeśli zastosowanie naszego kazania ma posłużyć zdobyciu serc słuchaczy dla Boga, musimy mieć serce świadome tych słuchaczy. Musimy dostrzegać, poprzez uważną obserwację, ich wewnętrzne wartości i to, czemu się poświęcają, a zwłaszcza to, co oddala ich od życia we właściwym porządku uwielbienia Chrystusa i posłuszeństwa Chrystusowi.

Pisma Augustyna i Listy Pawła (podobnie jak opisy jego głoszenia w Dziejach Apostolskich) zawierają niezastąpiony materiał do rozważania dla kaznodziejów, pomocny w pracy nad kontekstualizacją. Właściwie pisma tych dwóch autorów mogłyby wystarczyć jako pomoc dla kaznodziei ekspozycyjnego. Wydaje się niedorzeczne uważać, że odniesienie się do *Newsweeka* czy *Faktów* załatwia sprawę. Ten rodzaj treści zazwyczaj nie sięga ponad to, *co* dzieje się na świecie. Dla nas tymczasem kluczową kwestią jest to, *dlaczego* ludzie czynią to, co czynią. A ujawnianie tego zawsze będzie kwestią *serca*! Nikt nie ukazuje tego lepiej niż Augustyn i Paweł. Możesz się od nich dowiedzieć, *jak* zrobić użytek z *Newsweeka* i *Faktów*.

Na szczęście to, co ukazują Augustyn i Paweł, jest do osiągnięcia. Na przykład historyk Peter Brown z Uniwersytetu Princeton ukazuje właśnie tego rodzaju świadomość serca w swoich badaniach nad starożytnym Rzymem. Pisze on o *amor civicus* mieszkańców Rzymu, czyli ich „miłości do miasta i jego mieszkańców". Kontynuuje:

> Zamożny człowiek, który wykazywał ową miłość, otrzymywał tytuł *amator patriae* – miłośnik swojego miasta. Był to najszczytniejszy rodzaj miłości, jaką mógł okazać zamożny człowiek. *Amor civicus* była wypisana na wszystkich świątyniach, placach miejskich i budynkach publicznych, na łukach, kolumnadach oraz w różnorakich miejscach rozrywki – teatrach, amfiteatrach, stadionach – co nadal budzi podziw przybywają-

cych do Rzymu turystów ze wszystkich regionów Europy Zachodniej i Afryki Północnej[3].

Brown opisuje mieszkańców Rzymu jako noszących „krajobrazy serca". Wskazuje, że kochali oni ojczyznę, a ich sercem był Rzym[4]. Gdyby Brown miał głosić do ludności Rzymu, właśnie tego rodzaju wiedzę mógłby doskonale wykorzystać w zastosowaniu kazania. Podobnie jak w starożytnym Rzymie, w naszych miastach również zderzają się różne światopoglądy. My zaś, aby zrozumieć ludzkie serca, musimy nabyć umiejętność wsłuchiwania się w nie, którą tak znakomicie opanował Peter Brown.

Aby umieć odnieść Słowo Boże do współczesnego słuchacza w sposób przenikliwie mądry, powinniśmy wiedzieć, co nasi odbiorcy kochają, szanują i cenią. Czy już to poznałeś? Czy masz świadomość serc ludzi ze swojego otoczenia?

Serce tekstu biblijnego

Choć każdy kaznodzieja potrzebuje mieć świadomość serca, błędem jest myśleć, że to mu wystarczy, by przedstawić właściwe zastosowanie ewangelii. Pamiętaj, że zdrowa służba ewangelii jest zawsze wspomagana kontekstem – ale kontrolowana tekstem.

Niektórzy kaznodzieje są tak bardzo skupieni na słuchaczach i na kontekstualizacji, że kiedy nadchodzi czas, by przygotować zastosowanie kazania, zapominają o tekście! Słyszałem, jak niektórzy kaznodzieje opisują czas pracy nad zastosowaniem w następujący sposób: siedzą przy biurku, zamykają oczy, odchylają głowę do tyłu i z twarzą skierowaną w sufit szepczą do siebie: „Wiem, że będzie tam Robert, trzynastolatek, który ma problem z odnalezieniem swojej tożsamości... jak mogę odnieść to kazanie do jego serca? Będzie też Zosia, Panie błogosław ją, zmaga się z depresją..."

Takiego rodzaju wysoce skontekstualizowana strategia ma swój czas i miejsce, ale nie może być najważniejsza. Kaznodzieja bardziej się przysłuży słuchaczom, jeśli jego oczy będą otwarte, a twarz skierowana *w tekst*. Oto zasada, którą powinieneś zapamiętać: zastosowanie twoich kazań jest zawsze powiązane z *sercem tekstu biblijnego*. Aby je znaleźć, musisz zadawać trafniejsze pytania – nie w odniesieniu do odbiorców, ale w odniesieniu do tekstu.

Pytanie, które zawsze stawiam w odniesieniu do studiowanego fragmentu, brzmi: jaka jest intencja autora biblijnego wobec jego odbiorców? To bez wątpienia najlepszy punkt wyjściowy. Kalibruje moje myśli, tak by były zgodne z zamiarem autora. Sformułowanie intencji tekstu pozwala nam następnie pójść dalej w poszukiwaniu zastosowania dla naszych słuchaczy. Niekiedy intencja autora jest widoczna w jakimś jednoznacznym i bezpośrednim stwierdzeniu. W takich sytuacjach otrzymujemy od samego autora odpowiednie zastosowanie. Na przykład w opisie Dawida i Goliata czytamy:

> *Dzisiaj wyda cię Pan w moją rękę i zabiję cię, i odetnę ci głowę, i dam dziś jeszcze trupy wojska filistyńskiego ptactwu niebieskiemu i zwierzynie polnej, i dowie się cała ziemia, że Izrael ma Boga. I dowie się całe to zgromadzenie, że nie mieczem*

i włócznią wspomaga Pan, gdyż wojna należy do Pana i On wyda was w ręce nasze (1Sm 17:46–47).

Fragment ten ukazuje nam cel tej historii: bitwa służy ewangelizacji (*dowie się cała ziemia, że Izrael ma Boga*), a także podbudowaniu, ucząc Boży lud zaufania Bogu (*nie mieczem i włócznią wspomaga Pan, gdyż wojna należy do Pana*).

Drugim pomocnym pytaniem, które należy zadać w odniesieniu do danego tekstu, jest to, w jaki sposób postacie reagują na Boże prawdy lub na Bożego Pomazańca. Czasami – jednak nie zawsze – stają się one przykładem dla zgromadzonych. Kiedyś głosiłem z fragmentu, który ukazywał kontrast pomiędzy dwoma królami – Saulem i Dawidem (1Sm 22). Jest to fascynujący rozdział, w którym ze sławnymi królami dzielą scenę dwie mniej znaczące postacie. Pierwsza to Doeg Edomita, sprzymierzeniec Saula. Drugą jest Ebiatar, który decyduje się iść za Dawidem. Doeg i Ebiatar okazują się użyteczni dla zastosowania kazania. Czy będziemy kroczyć za Bożym Pomazańcem, pomimo że jawi się jako słabszy i jest uciekinierem? Czy też, jak Doeg, pójdziemy za ziemskim królem, którego władza i przywileje ostatecznie zawiodą?

Trzecie pomocne pytanie brzmi: czy podane zastosowanie jest nadrzędnym czy jedynie potencjalnym zastosowaniem tekstu? Zwykle nie należy chwytać się drugo- czy trzeciorzędnego zastosowania, dopóki nie mamy pewności, że wyraźnie podkreśliliśmy zastosowanie nadrzędne. Twoim głównym celem jest dostosowanie się do naczelnego celu Ducha Świętego w danym tekście. Pomyśl o tej kwestii jak o szczeblach w drabinie – każde kolejne zastosowanie staje się bardziej abstrakcyjne. Im wyższy szczebel, tym bardziej nierozsądnie jest do niego sięgać. Jest po prostu zbyt odległy; lepiej trzymać się czegoś bliższego, solidniejszego, wyraźniejszego i pierwszorzędnego.

W sytuacjach, w których zamierzam zastosować dany tekst na wiele sposobów, zawsze zaczynam od tego nadrzędnego. Im bardziej się oddalam, tym bardziej wyjaśniam zgromadzeniu, że być może moje wnioski są subiektywne. Wróćmy na chwilę do omówienia 2 rozdziału 1 Księgi Samuela z rozdziału 1 tej książki. Niektóre z zastosowań dotyczyły rodzicielstwa, ale po przestudiowaniu tego fragmentu zobaczyliśmy, że są one drugo-, a nawet trzeciorzędne.

Kolejne przydatne pytanie, które sprawdza moje zastosowanie pod względem zgodności z tekstem, jest następujące: czy dane zastosowanie podważa tekst? To, że jakieś zastosowanie jest możliwe, nie oznacza, że autor miał je na myśli. Powiązane pytanie brzmi: czy podane przeze mnie zastosowanie jest sprzeczne z innymi fragmentami Biblii? Jeśli tak, porzucam je. Przypomnij sobie, sytuację, w której Dawid oszukał kapłana Achimeleka w celu uzyskania pożywienia i broni (1Sm 21). Można by użyć tego tekstu jako argumentu za tzw. świętym oszustwem w służbie Bogu, ale gdy przejdziesz do Listu do Kolosan 3:9–10, powstanie problem. To ostatnie pytanie pozwala ci uniknąć wpadania w pułapki.

Ostatni etap mojej pracy polega na zadaniu pytania, które przenosi mnie z powrotem do samego serca Biblii. Czy moje zastosowanie jest zakorzenione w ewangelii czy też raczej stoję przed niebezpieczeństwem nałożenia kolejnych wymogów na mych słuchaczy? Nauczając na przykład z Listu Jakuba 3:1–12, bardzo łatwo byłoby po prostu rzec: „Trzymaj swój język pod kontrolą". Takie stwierdzenie samo w sobie byłoby jednak czystym moralizowaniem. Celem tego fragmentu jest ukazanie, że kontrola nad językiem jest niemożliwa. Potrzebujemy łaski. Jakub zaznacza to w wersetach 13–18. Szukamy mądrości, *która jest z góry*.

OSTATNIE SŁOWO

Chcąc wywrzeć wpływ na współczesnego słuchacza, kaznodzieje muszą łączyć kontekstualizację z tekstem biblijnym. Z obu czerpiemy korzyści, gdyż pomagają nam poznać specyfikę naszych *słuchaczy*, odpowiednio *uporządkować* materiał oraz *zastosować* nasze przesłanie.

Jeszcze jedno, ostatnie słowo i kończymy. Najlepsi biblijni kaznodzieje ekspozycyjni, choć poważnie zainteresowani tym, co *dzisiaj*, przygotowują kazania (pracując nad egzegezą, teologiczną refleksją czy kontekstualizacją) pod kątem *tego dnia* – dnia, w którym powróci Jezus i w którym wszystko zostanie ujawnione, łącznie z motywacjami w sercu kaznodziei. Niech świadomość tego dnia pomaga ci trwać w modlitwie i wierności, a obfitość owoców pozostawić w rękach Boga.

ZAKOŃCZENIE

Suche kości

Po ordynacji Charles Simeon wygłosił swoje pierwsze kazanie w niedzielę Święta Trójcy Świętej w zastępstwie pastora będącego na urlopie. Miał wtedy zaledwie dwadzieścia dwa lata. Kilkadziesiąt lat później tak napisał o swoich pierwszych próbach za kazalnicą:

> Znając pana Atkinsona, podjąłem się opieki nad jego kościołem na czas jego długiego urlopu. Mam powody, by mieć nadzieję, że dokonało się tam wtedy jakieś dobre dzieło. Na przestrzeni miesiąca czy sześciu tygodni kościół się zapełnił, do Stołu Pańskiego przystępowało trzy razy więcej osób niż zwykle, a wśród suchych kości dochodziło do znacznego poruszenia[1].

Z punktu widzenia kaznodziei, podoba mi się wszystko w tym krótkim opisie Simeona dotyczącym jego pierwszych kazań: od zwykłego sposobu, w jaki rozpoczął – zastępując człowieka na urlopie – po proste wyrażenie nadziei, że był użyteczny. Cóż za wspaniały początek! Przypuszczam nawet, że to Pan sprawił, że te pierwsze kazania były szczególnie owocne, stanowiły wyjątkowy dar, który miał pomóc Simeonowi w późniejszej służbie. Bo przecież wkrótce miało go spotkać wiele prób w Cambridge. Najbardziej chyba podoba mi się to, jak postrzegał wpływ głoszonego Słowa: „wśród suchych kości dochodziło do znacznego poruszenia".

Jestem głęboko przekonany, że to, co się wydarzyło za dni Simeona, dzięki Bożej łasce może się powtórzyć. Być może zacznie się od ciebie! Pisząc tę krótką książkę na temat głoszenia, miałem przed oczyma tego dwudziestodwuletniego człowieka. Niezależnie od tego, czy masz lat dwadzieścia dwa czy osiemdziesiąt dwa, czy może coś pomiędzy, moją modlitwą jest, aby Bóg wykorzystał twoją służbę w sposób, który da nam wszystkim „nadzieję, że dokonało się tam wtedy jakieś dobre dzieło".

DODATEK

Pytania kaznodziejów

Oto niektóre z pytań diagnostycznych, które możesz wykorzystać jako przewodnik w procesie przygotowania kazania.

EGZEGEZA

Czy modliłem się o Bożą pomoc, kiedy rozpoczynałem pracę?

Struktura

Jak autor zaaranżował tekst? Pomocne będzie, jeśli wyraźnie zaznaczysz przerwy w wersetach w każdej części struktury.

Ogólnie: Czy w tekście pojawia się powtarzane słowo, fraza lub pojęcie?

Narracja: W jaki sposób tekst dzieli się na sceny? Czy jest ułożony wokół tła geograficznego czy wokół postaci? Jaka jest fabuła? (Jaki jest konflikt, co wprowadza dramatyczne napięcie? Jaki jest punkt kulminacyjny lub punkt zwrotny? Czy konflikt został rozwiązany? Jeśli tak, w jaki sposób?)

Rozprawa: W jaki sposób gramatyka czy logika fragmentu wyrażają płynność myśli?

Poezja: Jak zmienia się ton lub temat fragmentu?

Co dany układ tekstu ujawnia na temat tego, na co autor próbuje położyć nacisk?

Kontekst

W jaki sposób bezpośredni kontekst literacki – fragmenty poprzedzające dany tekst i po nim następujące – wpływa na znaczenie tekstu? Dlaczego dany fragment znajduje się właśnie w tym miejscu?

W jakiej sytuacji historycznej znajdowali się pierwsi odbiorcy albo, zależnie od gatunku, pierwsi czytelnicy?

W jaki sposób fragment wkomponowuje się w większą partię tekstu?

Linia melodyczna

Jaka jest istota tej księgi?

Jakie dany fragment ma znaczenie dla linii melodycznej i jakie znaczenie ma ona dla niego?

Jaki jest temat tego fragmentu?

REFLEKSJA TEOLOGICZNA

W jaki sposób dany fragment zapowiada ewangelię lub się do niej odnosi?

W jaki sposób teologia biblijna pomaga mi dostrzec ewangelię w tym fragmencie? W jaki sposób autor wykorzystuje *wypełnienie proroctw, trajektorię historyczną, motywy* czy *analogie*?

W jaki sposób teologia systematyczna pomaga mi dostrzec ewangelię w tym fragmencie? Czy pozwala mi zachować czystość nauki, odnieść się do ewangelii czy też doskonalić moją zdolność przemawiania do niechrześcijan?

KONTEKSTUALIZACJA I CZASY DZISIEJSZE

Słuchacze

Czy znam ludzi, którzy będą słuchać mojego kazania? Czy zobowiązałem się do okazania im miłości? Czy trwałem za nich w modlitwach w trakcie całych moich przygotowań do kazania?

Układ

Jaki kształt i przesłanie nadam mojemu kazaniu? Czy ów kształt i przesłanie odzwierciedlają kształt i przesłanie tekstu?

Zastosowanie

Czy głoszę ku wewnętrznej przemianie serca, zarówno w życiu moim, jak i słuchaczy? Czy robię to tak, by we właściwy sposób uniżyć słuchacza, wywyższyć Zbawiciela i promować świętość w życiu obecnych osób?

Jaki cel czy zamiar miał biblijny autor wobec swoich czytelników?

Narracja: W jaki sposób postacie w tekście reagują na Bożą prawdę lub na Bożego Pomazańca?

Rozprawa/poezja: Jakiej reakcji autor oczekuje od czytelników?

Czy moje zastosowanie jest zgodne z zamiarem autora?

Czy moje zastosowanie jest nadrzędnym zastosowaniem tekstu czy tylko jednym z możliwych?

Czy moje zastosowanie podważa tekst? Czy przeczy innym fragmentom Biblii?

Czy zastosowanie, które podaję, jest ugruntowane w ewangelii – czy może jestem w niebezpieczeństwie zwykłego nałożenia dodatkowych nakazów na swoich słuchaczy?

Czy opieram się na tekście, aby powiedzieć to, co ja sam chcę powiedzieć? Czy wyciągam z Pisma Świętego tylko to, co w nim się znajduje?

PODZIĘKOWANIA

Wzorem głoszenia ekspozycyjnego jest dla mnie dwóch pastorów: Kent Hughes i Dick Lucas. Ci mężczyźni nie tylko układali cały swój tydzień wokół idei objaśniania Bożego Słowa, ale także znajdowali czas, by we mnie inwestować. I za to bardzo im dziękuję. Są nadal moimi serdecznymi przyjaciółmi i jestem pewien, że strony tej książki stały się lepsze dzięki nim.

Ponadto pragnę wyrazić uznanie dla dwóch pastorów, z którymi pracuję najbliżej: Jona Dennisa oraz Arthura Jacksona. Wasza wieloletnia wierna służba dodaje mi otuchy. Mam dług wobec kościoła Świętej Trójcy w dzielnicy Hyde Park w Chicago. Od piętnastu lat z radością przyjmujecie Słowo Boże ode mnie. A nawet więcej, wspólnie, tydzień po tygodniu, łączymy się w modlitwie naszych serc o Słowo Chrystusowe. Jestem Wam za to ogromnie wdzięczny, jak również za to, jak szczęśliwymi uczynił nas Bóg pod swoim panowaniem.

Jestem także wdzięczny za przyjaźń Marka Devera i Jonathana Leemana. Tylko dzięki ich uprzejmemu zaproszeniu i stałemu naleganiu udało mi się spisać przedstawione w tej książce treści. Drodzy Bracia, dziękuję za szansę, jaką mi daliście, by stanąć przy Waszym boku w tym dziele. A praca edytorska Tary Davis z wydawnictwa Crossway sprawiła, że tekst tej książki przemawia z większą siłą. Dziękuję.

Jestem niezmiernie wdzięczny Bogu za Roberta Kinneya, mojego przyjaciela w Chrystusie. Dziękuję, że, jak zwykle, poprawiłeś mój tekst. A jeszcze bardziej za to, że dzielisz ze mną obowiązki prowadzenia Charles Simeon Trust.

W końcu podziękowania dla Lisy – za Twoją miłość, łaskawie zarezerwowaną dla mnie już od trzech dekad. Dziękuję. I szczególnie kocham to wciąż rosnące miejsce przeznaczone w Twoim sercu na Słowo Boże.

PRZYPISY

Wstęp: Stare kości

1. Za szczegóły dotyczące miejsca pogrzebu i pochówku Charlesa Simeona jestem wdzięczny Williamowi Carusowi. William Carus, *Memoirs of the Life of the Rev. Charles Simeon* (London: Hatchard and Son, 1847), 582–583.

2. Handley Carr Glyn Moule, *Charles Simeon* (London: Methuen & Co., 1892), 97.

3. Charles Simeon, *Horae Homileticae* (Grand Rapids, MI: Zondervan, 1847), xxi.

Rozdział 1: Kontekstualizacja

1. Peter Brown, *Through the Eye of a Needle* (Princeton, NJ: Princeton University Press, 2012), 54.

2. Rysunek, który rozbudowuję w rozdziałach tej książki, jest moim własnym ujęciem grafiki wykonanej jakiś czas temu przez Edmunda Clowneya w *Preaching Christ in All of Scripture* (Wheaton, IL: Crossway, 2003), 32. Skorzystałem z niej tak, jak muzycy w kościele czerpią ze starego hymnu, tworząc do niego nową aranżację.

3. Bernard Denvir, *The Thames and Hudson Encyclopaedia of Impressionism* (London: Thames and Hudson, 1990).

4. Pochodzenie historii i cytatu Andrew Langa pozostaje niepewne, choć jest szeroko cytowane w takich zbiorach jak Elizabeth M. Knowles, *The Oxford Dictionary of Quotations*, wyd. 7 (Oxford: Oxfrod University Press, 2009), 478:12.

5. Handley Carr Glyn Moule, *Charles Simeon* (London: Methuen & Co., 1892), 97.

Rozdział 2: Egzegeza

1. To, w jaki sposób równoważysz kontekst historyczny i literacki oraz jakie pytania zadajesz w odniesieniu do tekstu, będzie częściowo zależało od księgi, z której głosisz. W liście na przykład będziesz chciał znać sytuację historyczną danego kościoła lub osoby, do której list został skierowany. Ewangelię niekoniecznie będziesz chciał czytać w ten sam sposób. Jeśli Ewangelie miały być rozpowszechnione na całym świecie, pierwotni odbiorcy, do których zwracał się dany ewangelista, będą mniej istotni niż kontekst literacki spisanej Ewangelii. Odnośnie do odbiorców Ewangelii, zob. Richard Bauckham, red., *The Gospels for All Christians* (Grand Rapids, MI: Eerdmans, 1998).

2. Większość listów zawiera formalne określenie celu. Ewangelia Łukasza 1:1–4 i Ewangelia Jana 20:30–31 również służą jako pomocne przykłady określenia celu.

3. Mortimer Adler i Charles Van Doren, *How to Read a Book: The Classic Guide to Intelligent Reading* (New York: Touchstone, 1940), 75.

Rozdział 3: Refleksja teologiczna

1. Charles Haddon Spurgeon, „Christ Precious to Believers" (kazanie, Music Hall, Royal Surrey Gardens, 13 marca 1859), http://www.spurgeon.org/sermons/0242.htm.

2. James Barr, *The Concept of Biblical Theology: An Old Testament Perspective* (London: SCM Press, 1999), 253–254.

3. Sidney Greidanus, *Preaching Christ from the Old Testament: A Contemporary Hermeneutical Method* (Grand Rapids, MI: Eerdmans, 1999), 234–240.

4. G.K. Beale, *Handbook on the New Testament Use of the Old Testament: Exegesis and Interpretation* (Grand Rapids, MI: Baker Academic, 2012), 14.

5. D.A. Carson, „Unity and Diversity in the New Testament: the Possibility of Systematic Theology", w *Scripture and Truth*, red. D.A. Carson i John D. Woodbridge (Grand Rapids, MI: Baker, 1983), 69–70.

6. Oba cytaty pochodzą z notatek A.W. Browna na temat chwil spędzonych z Charlsem Simeonem w ramach przeprowadzonych przez Simeona rozmów ze studentami w Cambridge. Abner William Brown, *Recollections of the Conversation Parties of the Rev. Charles Simeon, M.A: Senior Fellow of King's College, and Perpetual*

Curate of Trinity Church, Cambridge (London: Hamilton, Adams, & Co, 1863), 269.

Rozdział 4: Czasy dzisiejsze

1. Cornelius Van Til, *Paul at Athens* (Phillipsburg, NJ: P&R, 1978), 6.

2. Handley Carr Glyn Moule, *Charles Simeon* (London: Methuen & Co., 1892), 97.

3. Peter Brown, *Through the Eye of a Needle* (Princeton: Princeton University Press, 2012), 64.

4. Tamże, 96–101.

Zakończenie: Suche kości

1. William Carus, *Memoirs of the Life of the Rev. Charles Simeon* (London: Hatchard and Son, 1847), 24.

9Marks
Buiding Healthy Churches

Czy Twój kościół jest zdrowy?

Misją wydawnictwa 9Marks jest przekazywanie przywódcom zborów biblijnej wizji i praktycznych narzędzi, aby poprzez zdrowe kościoły Boża chwała była rozgłaszana na całym świecie.

Pragniemy pomóc kościołom w pielęgnowaniu dziewięciu cech świadczących o ich zdrowiu, którym jednak często nie poświęca się wystarczająco dużo uwagi. Są to:

- Głoszenie ekspozycyjne
- Teologia biblijna
- Biblijne pojmowanie ewangelii
- Biblijne pojmowanie nawrócenia
- Biblijne pojmowanie ewangelizacji
- Biblijne pojmowanie członkostwa w kościele
- Biblijna dyscyplina w kościele
- Troska o uczniostwo
- Biblijne przywództwo w kościele

Wydawnictwo 9Marks oferuje artykuły, książki, recenzje książek, a także czasopismo publikowane online. Organizujemy też konferencje, nagrywamy wywiady i proponujemy różne inne pomocne narzędzia, aby odpowiednio wesprzeć kościoły w misji ukazywania światu Bożej chwały.

Na naszej stronie internetowej znajdziesz materiały również w języku hiszpańskim, chińskim i portugalskim. Wejdź i zamów nasze bezpłatne czasopismo online.

www.9Marks.org

Książki wydawnictwa 9Marks opublikowane przez Fundację Ewangeliczną

Członkostwo w kościele

Czym jest ewangelia?

Dyscyplina w kościele

Dziewięć cech zdrowego kościoła

Głoszenie ekspozycyjne

Jak wygląda zdrowy kościół?

Kim jest Jezus?

Zdrowi członkowie kościoła

W PRZYGOTOWANIU:

Ewangelizacja

Nawrócenie

Starsi w kościele

Uczniostwo

Zdrowa nauka w kościele

Książki można zamówić poprzez stronę:

www.fewa.pl
www.fundacjaewangeliczna.pl

lub pisząc na adres: Fundacja Ewangeliczna
ul. Myśliwska 2, 87-100 Toruń, Poland

www.ingramcontent.com/pod-product-compliance
Lightning Source LLC
Chambersburg PA
CBHW052059110526
44591CB00013B/2275